G.G. Perry

Religious Pieces in Prose and Verse

G.G. Perry

Religious Pieces in Prose and Verse

ISBN/EAN: 9783337373528

Printed in Europe, USA, Canada, Australia, Japan

Cover: Foto ©Lupo / pixelio.de

More available books at **www.hansebooks.com**

Religious Pieces

in

Prose and Verse.

EDITED FROM ROBERT THORNTON'S MS. (CIR. 1440)

IN THE LINCOLN CATHEDRAL LIBRARY,

BY

GEORGE G. PERRY, M. A.,

PREBENDARY OF LINCOLN AND RECTOR OF WADDINGTON,
EDITOR OF *Morte Arthure.*

LONDON:

PUBLISHED FOR THE EARLY ENGLISH TEXT SOCIETY,
BY N. TRÜBNER & CO., 60, PATERNOSTER ROW.

MDCCCLXVII.

OXFORD:
BY T. COMBE, M.A., E. PICKARD HALL, AND H. LATHAM, M.A.
PRINTERS TO THE UNIVERSITY.

PREFACE.

THE miscellany of Religious Tracts and Poems which follows, is edited from the Thornton Manuscript, which has already contributed the Morte Arthure and the Hampole Short Treatises to the publications of the E. E. T. S. It is hoped that it will serve somewhat towards illustrating the religious teaching of the fourteenth and fifteenth centuries, as well as towards exhibiting the peculiarities of the Northern English, in which all the pieces are written.

The first tract is a good and idiomatic specimen of a mediæval Sermon, and as we find that it was preached in obedience to the command of "oure ffadire þe byschope," who had directed all those who under him had cure of souls " opynly, one ynglysche, apone Sonondayes, to preche and teche þaym þat þay have cure off the lawe and the care to knawe God Almyghty," it is also at the same time an evidence of the amount of instruction provided for the people in those days. Some hundred years before this Sermon was written, Bishop Grosseteste had given very similar directions to his clergy, mentioning the very heads which are touched in this Sermon, and bidding them discourse of them to the people every Sunday *in idiomate communi*. Surely these facts, and many others like them which might be produced, go far to prove that the parish-priest of the Middle Ages was not such a ' dumb dog' as

some would have him to be, and that preaching was not confined to the Friars. Dan Jon Gaytrigg must have been a very sensible instructor for his flock, according to their creed and lights; and the nervous and rythmical English in which his teaching is conveyed would be hard to equal in modern days. There is another copy of this Sermon in the Library of Trinity College, Cambridge, MSS. B. 10. 12, from which Mr. Skeat has kindly made an extract for me. It differs very slightly from the text here printed, but has indications of being a somewhat later transcript. For instance, the old and probably not well-known word '*tray*' of the Thornton MS. is changed in the Cambridge copy into 'thoȝt,' and an occasional omission of a Northern form betrays the fact that the copier was not writing his own dialect. Mr. Skeat, whose opinion on this subject is of the utmost weight, writes as follows with regard to the style of the Sermon. "I have not a doubt that the 'Sermon' was originally in *verse*, and to print it as prose, without remark, would be a mistake. It is to be noted that the Trinity MS. is at first written as prose (but there are frequent dots shewing where the lines end), and very soon it is written *as verse*, and so continues down to the end. For instance, look at the following:—

' Þe séxte póynt is . þát we sall trówe
þat þe foúrtyde dáy . áfter þat he ráse,
thurgh stréngh of hemsélfe . he stéghed vntil héuen,
whare oure kýnde is nów . in his blýssed pérson,
noght ánely éuen . no méte til his aúngels,
bot héghe corounde kýnge . abouén all aúngels.'

It is clear that we have here the regular alliterative verse, *perfect* as regards accent, *imperfect* as regards alliteration; in fact, the very kind of metre into which the old Piers Plowman metre would naturally degenerate. The third line preserves the alliteration altogether, and is a nearly perfect line." Perhaps even a stronger passage than the one selected by Mr. Skeat might be found at page 11 :—

' Eúynly to súffire . þe wéle and þe wáa,
Wélthe or wándreth . whéthire so betýde . . .
Stýffely to stánde . agáynes our fáas,
Whéthir þay be bódyly . or þáy be gástely,
Swa þat ná fulle fándyng . máke vs to fálle,
Ne be fálse in our fáythe . agaýnes God Almýghtty.'

Here the alliteration is very marked. I confess, however, I do not see my way to bringing the whole of the Sermon into this form. If it were originally written in alliterative verse, it would evidently have been with the object of helping the people to commit it to memory.

Treatise No. II. is an old English translation of the Speculum of S. Edmund. This was a very popular treatise in its day, and, we believe, the only surviving work of the famous Edmund Rich, Archbishop of Canterbury—famous for his asceticism—famous as a teacher of Greek at Oxford, and as having had for his pupils Grosseteste, Robert, and Roger Bacon—famous for his sudden elevation to the Primacy—notably famous for the good stand he made in that office for English liberties—famous also for his retirement from his high post; and famous after death for the popular tumult which forced the pope to canonize him. All these points are well brought out in Dr. Hook's Life of the Archbishop. At the Monastery of Pontigny in France, the place of his retirement, where the great spirits of Thomas à Becket and Stephen Langton had before him found rest, he wrote, or at any rate finished, his *Speculum*. It is a composition which breathes a fierce asceticism, and is almost Manichean in its hatred of bodily ease. This would insure its popularity in an age which only comprehended religion as a bitter and unsparing chastiser of the flesh, and hence its early translation into French and English. We subjoin a specimen of the original, with the French and English translations. With regard to the age of the latter, Mr. Morris, on examining a passage sent to him, was of opinion that it might be as early as 1350. Very probably it is a rescript from a still earlier English

version in a Southern dialect, but I have not discovered any other English MS. of this Treatise.

FRENCH.	LATIN. (Original.)	ENGLISH.
From Arundel MS. 288. p. 207.	From Magna Bibl. Vet. Patr. XIII. 355.	Thornton MS. (as printed).
Uidete uocationem uestram.—Ces moȝ de la postle partenent a nous genȝ de religion. ueeȝ, fet il, a quey uous estes apelleȝ. e ceo dit il por nous exciter a perfection. e por ceo quel homme[1] ke ieo pens de moy, mesmes de nuit e de iour, de une part ay ioye grant. e dautre part grant dolur. Ioye por la seynte religion. dolur en confusion por ma feble conuersacion. e ceo nest pas graunt merueyle. Kar Ieo ay grant acheson. Kar ci dit Seynt Eusebye en un sermon. uenir a religion est souereyne perfeccion. e nent parfitement uiure souerayne dampnacion. [1] ? houre.	'Videte vocationem vestram fratres.' Ista verba apostoli pertinent ad homines religiosos. Videte (inquit) ad quid vocati estis. Et hoc dixit Apostolus ad excitandum nos ad perfectionem. Et propter hoc quâcunque horâ cogito de me ipso, die vel nocte, ex unâ parte habeo magnum gaudium, et ex aliâ parte magnum dolorem. Gaudium habeo propter sanctam religionem, dolorem et confusionem propter meam debilem conuersationem. Et illud non est mirum, quia habeo magnam causam. Nam, sicut dicit Sanctus Eusebius in vno sermone, Venire ad Religionem summa perfectio est, sed non perfectè viuere in religione, summa damnatio est.	'Videte vocacionem vestram.' This wordes sayse Saynte Paule in his pystyll, and thay are thus mekill to saye one ynglysche, 'Seeȝe ȝoure callynge.' This worde falles till vs folke of religioune: and that sais He till excite vs till perfeccyone. And ther-fore what houre þat I thynke of my-selfe, one nyghte or on day, on a syde hafe I gret ioye, and on anoþer syde gret sorowe —joy for þe haly religione, sorowe and confusyon for my febill conuersasione. And þat es na wondire for I hafe gret enchesone. Als þe wyese man saise in his sermon, he sais to com to religione es souerayne perfeccyone, and there-in noghte perfitly to lyffe es souerayne dampnacyone.

Among the promises of future publications made by the E.E.T.S. there is held out to us the hope of some day seeing in print the Life of S. Edmund from the British Museum MS. When it is printed I feel persuaded that it will be found very illustrative of the Speculum, and vice versâ. I believe Dr. Hook does not profess to have consulted this old mediæval Life of the Archbishop for his biography in the third volume of his Archbishops.

We now come to No. III. The Abbaye of S. Spirit. This trea-

tise, of which there are several MS. copies, has been attributed to various authors. Some would have it the composition of Bishop Alcock, who died 1480, but as it exists in the Vernon MS., which is about a century earlier, this notion is disposed of. In the Lambeth MS. it is given to Richard Rolle de Hampole, but as his paternity is claimed for almost all religious Middle-Age MSS. that have gone astray, we cannot build much on that. The fact of the early Vernon MS. having the Treatise in a Southern dialect, is much against the supposition of its being Hampole's. Whether Robert Thornton re-wrote it in his own idiom, or how it got into the form we have here, cannot be discovered; but as the preference here given to the Thornton copy may seem to some to be unfounded, we subjoin a conspectus of a portion of four manuscripts for the purpose of comparison.

I.	II.	III.	IV.
VERNON MS. (Bodleian.) A. D. 1380.	LAMBETH MS. 432. fol. 37 B.	TRIN. COLL. CAMB. MS. O. 1. 29.	THORNTON MS. (as printed).
Here biginneþ a tretis þat is clept þe Abbey of þe holy gost. þat is conscience of monnes herte schulde ben in þis Abbey most.	Here begynnythe Rechard Hamppulle of the Abbay of the holy goest fulle nessessarye.	Þis es þe begynnynge of þe abbay of þe holye goste, þe wilke þat es founded in A place þat es callede conscience, and þerfore, mañ, be-whare!	Of the abbaye of saynte Spirite that es in a place that es callede conscyence.
Mi deore Breþren And Sustren. I seo wel . þat monie wolde ben In Religion . but þei mowe not . for Pouert. or for Age . or for drede of heore kun. or for bond of mariage. And þerfore I make her a Book of Religion of herte . þat is of þe Abbeye	Dere Bretheryne and Sustren, I Se welle ther wold be many in Religeoun, but þay may not, for pouerte, or for Awe, or for drede of kyn, or for bondage, or for mariage; therfor y make here a boke of Religeoun of the hert That is of the Abbey of the holy	My fulle dere and well loued brethire and sisters in god, I see now weel in þies dayes þat many meñ wilde full gladely be in religioun, bot þei may nouȝt, fore pouerte or fore elde, or fore dreed, or elleȝ fore kyndrede or for bonde of mariage. And þerfore I make	A dere brethir and systirs, I see þat many walde be in religyone bot þay may noghte, owthir for pouerte, or for drede of thaire kyne, or for band of maryage, and for-thi I make here a buke of þe religeon of þe herte, þat es of þe abbaye of the Holy

of þe holi gost . þat alle þo þat mouwe not ben In bodi Religion þei mowe ben In gostly. A*h* Jhe*su* Merci . Where may þis Abbey and þis Religion best be*n* I . fou*n*ded. Certes neue*re* so wel . ne so semely . as in a place . *þat* is clept Concience. Now be houeþ hit þenne . at þe biginnynge . þat þe place of þe Concience be clanset . þorw wys clansynge. þe holi gost sende*n* a dou*n* twey Maidens ful con*n*ynge . þat on is clept . Rihtwisnesse. And þat oþer loue of clannesse . þeose tweyne schul caste from þe concience and from þe herte all mane*re* fuly*th* of foule þouȝtes and of foule ȝeornynges.

goest, that all tho that may not be in Bodely Religeou*n* myght be in goestly religeou*n*. A Ihe*su* mercy where may the abbay of this religeou*n* be best y foundid. Certis nowhwhere so wele ne so sur*e*ly as in a place that is callid Consciens. Now hit behovith, at the bygynnyng that the place of the Conscience be clensyd wislye. The holy goest shall*e* Fynde two maydennys Fulle cunnyng, the tone is callid Rightwisnesse, And the tother is callid love of clennesse. These two shall*e* cast out from the conscience, and from the hert, alle maner Filthe of foule thoughtes and foule Desyris.

her*e* now a boke of religione of þe herte, þat es, of þe abbaye of þe holy goste; þat all þoo þat may nouȝt be in bodily religione, þat þei maye godely be in gostely religiou*n*. ¶ A Ihe*su*, mersy! where maye þis abbay and þis religione beste be foundeñ and groundede? ¶ Certeȝ, neue*r* nower*e* so well ne so stedefastlye, nor ȝit þ*er*to so semely, as right in a placeȝ[1] þat þei calle conscience. ¶ Now þan behoues it firste at þe begynnynge, þat þe place of þe conscience be so enclosede on ilke syde thorough wies closynge, for þis encheson: ¶ Þe holy goste salle do sende two maydens full conande. ¶ þe tone is callede by clerkes Ryghtwysnes ¶ And þe tother is called lufe of gr*e*te (?) clennes. ¶ þies two maydenes sall keste fro þe conscience and fro þe herte all maner*e* of fylthes and foule þoughtes, and of foule ȝernynges.

[1] *sic* in MS.; *read* "place."

Goste, that all tho þat ne may noghte be bodyly in religyone, þat þay may be gostely. A Ihe*su* mercy! Whare may þis abbaye beste be funded and þis religione? Now certis nowhare so well als in a place *þat* es called conscyence; and who so will be besy to funde þis holy religione, and þat may ilke gud crystyn*e* man*e* and woman do þat will be besy þ*er*abowte. And at þe begynnynge it es by-houely þat þe place of thi *con*science be clensed clene of syn*e*, to þe whilke clensynge the Holy Goste sall sende two maydyns *þat* ere conande, the one es callede Rightwysnes, and þe toþer es called Luffe of clennes. These two sall cast fro þe conscience and fro þe herte all man*er* of fylthe of foule thoghtes and desyrs.

It seems probable that II., III. and IV. have been re-written from No. I. in their different dialects, but at any rate this con-

spectus remarkably illustrates the well-known fact, that mediæval copiers never kept close to their original, but altered and improved according to their own views of grammar and dialect, without any of that wholesome dread of omitting an inflection which is the scourge of modern editors. The Lambeth MS. in its latter part differs considerably from the Thornton, and contains several passages which the other has not. In fact it may almost better be described as a *similar* treatise than as identical. The Cambridge MS. shews a tendency to insert amplifications and additions, and would thus seem to be later in style, but Mr. Skeat says that the MS. looks like the fourteenth century. There are doubtless several other copies of the treatise to be found.

The matter of this treatise well illustrates the sort of notion which must always have existed even in the most palmy days of monasticism, viz. that it was just possible to live a religious life outside a convent. But the 'Abbaye of S. Spirit' further shews us the reluctance with which this was admitted, the attempt to clothe even active life with the forms, images, and duties of the cloister, and while admitting the possibility of its successful pursuit of holiness, at the same time putting by its side the far higher and more blessed state of the incarcerated regular.

The Religious Poem of William of Nassyngton is certainly not remarkable for its poetical genius, but in the simple scriptural statements of the quondam York lawyer we recognize with pleasure the mind of a devout layman rising out of distracting superstitions to a repose on the great eternal verities of the faith. The Hymns numbered V. and VI. both contain some simple and touching passages. The Moral Poem, No. VII., is by Richard Rolle de Hampole, and will, I believe, be published for the Society among some other Poems and Songs of this writer which are being collected by the Rev. J. R. Lumby. The present edition was in type before I discovered this, and as, on a comparison with Mr. Lumby's copy, this poem was found to contain two stanzas more than his, and also to differ (as usual) in much of the wording, it was thought better to let it stand. Much the

same may be said of Hymn No. VIII., which is among Mr. Furnivall's selections from the Lambeth MSS. There are differences here also, and none, it is thought, will object to have two versions of such a beautiful and touching little poem. We now come to the most singular poem of the collection—Saint John the Evangelist. I have not hitherto heard of any other Manuscript of this, and I think all lovers of early English will not fail to be pleased with it. Indeed some of the words were quite beyond my power, and must have been left unattempted, but for the kind assistance given me in this, and in many other points, by the Rev. W. W. Skeat.

I am afraid, taking the Miscellany throughout, rather a bitter vein of religionism will be found to permeate it. Christianity seems to be regarded as an institution for vexing and harassing the human race, and everything connected with the body and its belongings is simply evil. Manicheeism indeed, as Dean Milman well points out, poisoned the very life-blood of mediæval Christianity, and Augustine, while he overthrew it as a system, only confirmed and established it as a sentiment. It is probable that this sour asceticism, which has been remarkably illustrated by several publications of the E. E. T. S., will come out even more strongly, as the Society proceeds to dive deeper into the recesses of old English. But this, at any rate, only makes us admire Chaucer the more.

DAN JON GAYTRYGE'S SERMON.

I.

Here begynnes a Sermon þat Dan John Gaytryge made, þe whilke teches how scrifte es to be made *and* whare-of, and in scrifte how many thynges solde be consideride. Et est Petrus sentenciar*um* discrecio*ne* primâ.

Als a grett Docto*ur* schewes in his buke, of all þe creato*urs* þat Gode made in Heue*ne* and in erthe, in wat*er* and in aye*re*, or in oghte elles, þe soue*ra*yne cause *and* þe skyll whi He mad þa*m*e was His awe*ne* gud will and His gudnes, thurgh þe whilke gudnes alls He es all gude He walde þat some creatures of þase þat He made ware com*m*uners of þat blyse þat oue*r* mare lastis. And for þat na creato*ur*e myghte come to þat blyse wit*h*-owtten knawy*n*ge of Godd, als þat clerkes teches, He made skillwyse creato*urs* angelle and man of witt and wysdom to knawe God Almyghty*ne*, and thorowe þaire knawynge lufe Hym and s*er*ue Hyme, and so come to þat blyse þ*at* þay ware made to. This manere of knawynge had oure for*m*e-fadyrs in þe state of innocence þat þay ware mad in, and so sulde we hafe hade if þay had noghte synnede. Noghte so mekill als hally saules hase now in Heue*n*e, bot mekill mare þa*n* mane hase now in erthe. ffor oure fo*ur*me-fadyrs synned, sayse þe prophete, and we bere þe wykkydnes of þaire mysdedis, ffor þe knawy*n*g þat þay had of Godd All-myghte*n*e thay had it of Goddes gyfte at þaire begynnynge wit*h*-owtten trauayle or tray or passi*n*ge of tym. And all þe knawyng þat we hafe in þis werlde of Hym, es of heryng and of lerynge and of techyng of oþ*er*, of þe law and þe lare þat langes till Haly Kyrke, þe whilke all creato*urs* þat lufes God Almyghtene awe to knawe and to cu*n*e and lede þaire lyfe aftire, and swa

God's mercy in Creation.

Man must have knowledge in order to obtain a share in it.

This must be gained by hearing and learning.

1

THE SIX THINGS TO BE LEARNT BY ALL.

And there-fore those who have charge of souls must instruct them.

come to þat blysse þat neuer mare blynnes. And for-thi þat mekill folke now in þis werlde ne ere noghte wele ynoghe lerede to knawe God Almyghty, ne lufe Hym ne serue Hym als þay sulde do, and als þaire dedys oftesythes opynly schewes, in gret perell to þame to lyfe and to saule, and perawnter þe defaute may be in thaym þat hase þaire saules for to kepe and thaym sulde teche, als prelates and persons, vicars and prestes, þat ere haldene

Our father the Bishop has ordered all parish priests to instruct the people in their own tongue :

by dett for to lere þame—ffor-thi oure ffadire þe byschope þat God Almyghty saue, þat, als Sayne Paule sayse in his pystill, will þat all mene be safe and knawe God Almyghtene, and namely þase vndirlowttes þat till hym langes, hase tretide and ordeyned for þe comone profett, thorowe þe councell of his clergy, þat ilkane þat vndire hym hase cure of saule, opynly, one ynglysche, apone sonnondayes, preche and teche þaym þat þay hase cure off, þe lawe and þe lare to knawe God Almyghty, þat principally

In these six things: The fourteen points of the Creed, the Ten Commandments, the seven Sacraments, the seven works of mercy, the seven virtues, the seven deadly sins.

may be schewede in theis sexe thynges—in þe fourtene poyntes þat fallis to þe trowthe—in þe ten commandementes þat Gode hase gyfene vs—in þe seuene sacramentes þat er in Haly Kyrke —in þe seuene werkes of mercy vntill oure euene cristyne—in þe seuene vertus þat ilke mane sall vse—and in þe seuene dedly synnes þat ilke man sall refuse. And he byddes and commandes in all þat he may, þat all þat hase cure or kepynge vndire hym emoyue þaire parischenes and þaire sugettes þat þay here and lere þise ilke sex thynges, and oftesythes reherse þam till þat þay cune þame, and sythene teche þame þaire childire, if þay any

And Parsons and Vicars are to inquire at Lent whether their Parishioners know them.

haue, whate tyme so þay are of elde to lere þame. And þat personns and vycars and all parische prestis, enquere delygently of þaire sugettes in þe lentyne tym, when þay come to scryfte, wheþer þay knawe and cune þise sex thynges, and if it be fundene þat þay cune þam noghte, þat þay enjoyne þam appone his be-halfe and of payne of penance for to cune þame. And for-thi þat nane sall excuse thaym thurghe unknawlechynge for to cune þam, oure haly ffadir þe beschope, of his gudnes, hase ordaynede and bedyne þat þay be schewede opynly one ynglysche amanges

And first of the fourteen Articles of the Creed.

þe folke. Whare-fore anence þe fyrste of þise sex thynges, þat es to knawe þe articles þat falles to þe trouthe. Als gret clerkes

THE ARTICLES OF THE CREED. 3

teches and schewes in thaire bukes, thare ffalles to þe faythe fourtene poyntes, of þe whilke seuene ffalles to Goddes Goddhede, and oþer seuene ffalles to Cristes manhede. The firste poynte þat we sall trowe of þe Godhede es to trow stedfastly in a trewe Godd, and þat na noþer es for to trowe in. The toþer es þat þe heghe ffadir of Heuene es stedfaste and sothefaste Godd Almyghtyne. The thirde es þat Ihesu Criste, Goddes sone of Heuene, es sothefastly Gode euene till his ffadir. The ferthe es þat þe Haly Gaste þat samenly comes of bathe þe ffadir and þe Sone, es sothefaste Gode euen to þaym bathe, and þe whethir noghte twa Goddes, þe ffadire and þe Sone, ne thre Goddes, þe ffadir and þe Sone and þe Haly Gaste, bot thre sere persouns and noghte bot a Godd. The fyfte arctecle es þat þe Trynyte, þe ffadir and þe Sonne and þe Haly Gaste, thre personns and a Godd, es makere of Heuene and Erthe and of all thynges. The sexte artycle es þat Haly Kirke oure modire es hallyly ane thorow owte þe werlde, that es comonynge and felawrede of all cristene folke þat commons to-gedire in þe sacrementes, and in oþer haly thynges þat falles till Haly Kyrke, with-owttene þe whilke ne es na saule hele. The seuend article þat vs awe to trowe es vppe-rysynge of flesche and life with-owttene ende. ffor when þe dede hase sundyrde oure bodyes and oure saules for a certayne tym als oure kynd askes, vnto whene þat God sall deme þe qwykke and þe dede, thane oure saules sall turne agayne till oure bodyes, and we þase ilke and nane oþer þan we are nowe, sothefastly sall ryse vp in body and saule þat neuer mare sall sundire fra þat tyme furthe, bot samene if we wele doo whiles we er here wende with Godd to þat blysse þat euer-mare lastes. And if we euyll do, till endles payne.

There are oþer seuene poyntes of Cristes manhede þat are nedfull to trow till all þat are crystyne. The fyrste es þat Jhesu Criste, Goddes Sone of Heuene, was sothefastly conceyuede of þe madene Marie, and tuke flesche and blude and become mane thurghe þe myghte and þe strenghe of þe Haly Gaste, with-owttene any merryng of hir modirhede, with-owttene any mynynge of hir maydenhede. The toþer artecle es þat we sall trowe

Seven are of the Godhead.
(1) One true God.
(2) Father Almighty.
(3) God the Son.
(4) God the Holy Ghost.
(5) Three Persons and one God, Maker of all things.
(6) The Catholic Church, the Communion of Saints.
(7) The Resurrection of the Body, and Life Everlasting.

Seven points of Christ's manhood.
(1) Incarnate of the Virgin Mary.

(2) Both God and man. þat He, Godd and man bathe in a *per*sonne, was sothefastly of þat blessyde maydene, Godd getyne of his ffadire be-fore any tyme, and man borne of his modir and broghte furthe in tyme.

(3) Suffered for us. The thirde poynte þat we sall trowe es Cristes passione that He tholede bodyly for synfull man-kynde, how He was be-traysede wi*th* his disciple, and taken wi*th* þe Jewes, beten wi*th* scourges þat na skynne helde, naylede one þe rude and corounde wi*th* thornes and many oþ*er* harde paynes, and dyede at þe laste.

(4) Descended into Hell. The ferthe artecle es þat whene He was dede and His body tane dou*n*e, and wondene and dolucne, ȝit þe whills His body lay in þe graue þe gaste wi*th* þe Godhede wente vnto Helle, and heryede it, and tuke owte þase þat ware þare-in, als Adam and Eue and oþ*er* fforme-fadyrs whilke He in his forluke walde þat ware sauede.

(5) Rose again the third day. The fyfte poynte es þat one þe thirde day aft*er* þat He dyede He rase fra dede to lyfe sothefaste Godd and man in body and in saule. ffor als He dyede in seknes of oure manhede, so he rase thurghe strenghe of His Godhede and swa dystroyed oure dede thurgh His diynge, and quykkynd vs unto lyfe thurghe His rysebynge.

(6) Ascended into Heaven. The sexte artecle es þat we sall trowe þat one þe fourtede day eftyr þat He rase thurgh strenghe of hym-selfe, He steye in till Heuene, whare oure kynde es now in his blyssyde p*er*sonne, noghte anely euyne ne mete till his angells, bot hey coround kynge abowne all His angells, þat before tyme was lesse þan þe kynde of angells.

(7) From thence He shall come to judge the quick and the dead. The scuend article es þat righte als He dyede and eftirwarde rase and stey in-till heuene, righte swa sall He come apone þe laste day, bathe for to deme þe qwykke and þe dede, whare all þe folke þat eu*er* was, or es, or sall be, sall sothefastly be schewede and sene be-fore Hym, and ilke a man answere of his awen dedis and be saued or dampnede whe*ther* so he serues, ffor als His ryght-wysenes nowe es mengede wi*th* mercy swa sall it thane be wi*th*-owttene mercy.

Secu*n*do.

Decem p*re*cepta Dei.

The ten Comma*n*dementis.

Secondly, of the Ten Commandments. Þe secu*n*d thyng of þe sex to knawe God Almyghtene es þe

ten commaundmentes þat He hase gyffene vs. Of þe whilke tene þe thre þat ere firste awe us hullyly to halde anence oure Godd, and þe seuene þat ere eftyre anence oure euen cristene. The firste comandement charges vs and teches vs þat we leue ne lowte na false goddes; and in þis commaundement es forbodene vs alkyne mysbeleues and all mawmetryes, all false enchantementes, and all soceryes, all false charmes, and all wichecraftes, þat mene of myssebyleue traystes appone or hopes any helpe ine with-owttene God Almyghtene. The toþer commaundement byddes vs noghte take in ydillchipe, ne in vayne, þe name of oure Lorde Godd, so þat we trowe noghte in His name bot þat es sothefaste, þat we swere noghte by His name bot it be by-houely, and þat we neuene noghte His name bot wirchipfully. The thirde commaundement es þat we halde and halowe oure haly day, þe sonondaye, and all oþer þat falles to þe ȝere, þat er ordeynede to halowe thurgh Haly Kyrke; in þe whilke dayes all folke bathe lerede and lawede awe to gyffe þame gudly to Goddes seruyce to here and saye it efter þaire state es, in wirchipe of Godd All-myghty and of His gud halowes, noghte þane for to tente to tary with þe werlde, ne lyffe in lykynge ne luste, þat þe flesche ȝernes, bot gudly to serue Godd in clennes of lyfe. The ferthe commaundement byddes vs doo wyrchipe to ffadire and to modire, noghte anely to fleschely fadyr and modire þat getes vs and fosters vs furthe in þe werlde, bot till oure gastely ffadire þat hase heuede of vs, and teches vs to lyffe till hele of oure saules, and till our gastely modyr, þat es Haly Kyrke, to be bouxome þare-to, and saue þe ryghte of it, ffor it es modir till all þat cristenly lyffes, and alswa till ilke mane þat wyrchipfull es for to do wyrchipp eftere þat it es. The fyfte comandement byddes vs þat we sla na mane, þat es to say bodyly ne gastely noþer, ffor als many we sla in þat at we may, als we slaundire or bakbyte or falsely deffames, or fandes for to confounde þaym þat noghte serues, or withdrawes lyfelade fra þame þat hase nede, if we be of hauynge for to helpe þame. The sexte commaundement forbeddes vs to syne or for to foly fleschely with any womane owþer sybbe or fremede, wedde or unwedde, or any fleschely

The first Commandment.

The second Commandment.

The third Commandment. (4th of the Decalogue.)

The fourth Commandment. (5th of the Decalogue.)

The fifth Commandment. (6th of the Decalogue.)

The sixth Commandment. (7th of the Decalogue.)

> *The seventh Commandment. 7th of the Decalogue.*

> *The eighth Commandment. 8th of the Decalogue.*

> *The ninth Commandment. (Part of the 10th of the Decalogue.)*

> *The tenth Commandment. (Part of the 10th of the Decalogue.)*

> *These Ten Commandments are included in two of the Gospels—that we love God and our brethren.*

knawynge or dede haue with any, oþer þan þe sacrament of matremoyne excuseȝ, and þe lawe and þe lare of Haly Kyrke teches. The seuend byddis vs þat we sall noghte stele, in whilke es forbodene vs robbyng and reuyng and all wrangwyse takynge or with-haldynge or hydynge or helelynge of oþer menes gudes, agaynes þaire witt and þaire will þat haue ryghte to þayme. The aughtene comandement byddes vs þat we sall bere na false wytnes agaynes oure euene cristene, in þe whilke es forbodene vs all manere of lesynges. ffalse consperacye and false swarynge, whare-thurghe oure euens cristyne may lese þayre catelle, ffaith, ffauour or ffame. or anything eils. wheþer it be in gastely or in bodyly gudes. The nyende commandement es þat we ȝerne noghte oure neghteboure house; in whilke es forbodene all wrangwyse couetyse of land or of lythe, or of oghte elles þat may noghte be lyftede ne raysede fra þe grounde, als thynge þat es stedfaste and may noghte be styrrede. The tend comandement an þe laste es þat we ȝerne noghte þe wyefe of oure neghteboure ne of oure euyne cristene, ne his maydene, ne his knaue, ne his oxe, ne his asse. In þe whilke es forboden vs to ȝerne or to take any thynge þat may be styrride of oþer mens gudes, als robes or reches or oþer catell. þat we hafe na gude titill ne na ryghte to, ffor what thyng so we take or getes one oþer wyse þan þe lawe and þe lare of Haly Kyrke teches, we may noghte be assoylede of þe trespase bot if we make assethe in þat þat we may to þam þat we harmede with-haldande þaire gude. And in case þat we hafe thurghe false athes, als in assises or oþer enquestes, wetandly or willfully gerte oure euene cristyne lesse þaire patremoyne or þaire heritage, or falsely be dyssessede of lande or of lythe. or false deuorce be made, or any mane damnpnede, þofe all we do þat we may to þe party, ȝit may we noghte be assoylede of þe trespas, bot of oure beschoppe, or of hym þat has his power, for swylke caas es ryuely reseruede till hyme seluene. Thise tene commandementes þat I hafe now rekkenede ere unbylowkede in twa of þe gospelle. The tane es þat we luffe Godd ouer all thynges, the toþer es þat we lufe oure euene cristene hallely in oure herte als we do oure seluene ffor Godd awe

vs to lufe hally with herte, with all our myghte, with all our thoghte, with worde and with dede. Oure euyne crystene als swa awe vs to lufe vn-to þat ilke gude þat we lufe oure-selfe, þat es þat þay wele fare in body and in saule and come to þat ilke blysse þat we thynke to; and whate-so-ever þat he bee þat þise twa wele ȝemes all þe tene commaundementes forsothe he fulfilles.

Tertio.
Septem Sunt Sacramenta Ecclesiæ
The Seuen Sacramentes of Haly Kyrke.

Þe thirde thynge of þe sex þat I firste touchide es þe seuene sacramentes þat Haly Kirke gyffes, thurghe prelates and oþer prestes þat hase þe powere; of whilke seuene the firste fyve ilke cristene mane awe lawefully to take efter his elde es, and twa lyes in þaire will þat ressayues þaym. The first sacrement of seuene is oure baptym þat we take þe firste tyme þat we become cristyne. In whilke bathe þe firste synn þat we ere borne with and alkyne oþer synnes ere waschene awaye þat we ere fylede with are we take it, and þe trouthe of Haly Kyrke es takene þare-in, with-owttene whilke na synfull mans saule may be sauede. And till þis sacrement ffalles foure thynges if it sall ryghtely be tane als Haly Kirke teches. Ane es ryghte sayeyng and carpyng of þe wordes þat hym awe for to say þat gyffes þis sacrament, þat ere þise. 'I baptise þe in þe name of þe Fadir and þe Sonne and þe Haly Gaste.' Ane oþer es þat it be done anely in watire ffor na noþer licoure es lefulle þare-fore. Þe thirde es þat he þat gyffes þis sacrement be in witt and in will for to gyffe it. And þe ferthe es þat he þat takes it be noþer of lerede nor of lewde baptisede be-fore, ffor if þe preste be inwere of hym þat sall take it, whethire he be baptisede or he be noghte, þan sall he say þe wordes one þis wyese, 'If þou be noghte baptisede I baptize þe in þe name of þe ffadire and þe Sone and þe Haly Gaste.' The secunde sacrament es confermynge þat þe byschope gyffes to þam þat ere baptisede, þat gyffes thorowe his powere to þam þat takes it þe grace and þe gyfte of þe Haly Gaste to make þayme mare stallworthe þan þay ware before to stande agaynes

The third thing is the Seven Sacraments.

The first is Baptism.

Four things required to make Baptism valid.

The second Sacrament is Confirmation.

THE SEVEN SACRAMENTS.

The third Sacrament is Penance.

þe fende and dedly syne; þat nane hase powere to do bot þe byschope allane, þat hase the state and þe stede of Cristes Apostilles. The thirde sacrement es callede penance, þat es sothefaste for-thynkynge þat we hafe of oure syne with-owttene will or thoghte to turne agayne to it. And þis sacrement bus haue thre thynges. Ane es sorowe in oure herte þat we hafe synnede. Anoþer es opyne scrifte of mouthe how we hafe synnede. The [1] —— þise thre with gud will to forsake oure syne clenses vs

The fourth Sacrament is that of the Altar.

and wasches vs of alkyne syne. The ferthe es þe sacrement of þe autyr, Cristes awne body in lyknes of brede, als hale als He tuke it of þe blysside maydene, the whilke ilke mane and womane þat of elde es awe for to rescheyue anes in þe ȝere, þat es at say at þe pasch, als Haly Kyrke vses, when þay ere clensede of syne thurghe penance, o payne of doynge owte of Haly Kyrke, bot if þay forbere it by skillwyse cause þat awe to be knawene to þam þat sall gyffe it; ffor he þat tase it worthily tase his saluacyone,

The fifth Sacrament is Extreme Unction.

and wha so takes it vnworthily tase his dampnacione. The fyfte sacrament es þe laste enoyntynge with oyle, þat es halowede and handelyde of prestes, þe whilke sacrement awe anely to be gyffene to þam þat he wate ere of skillwyse elde, and þat he sese sekyrly in perelle of dede, in lyghtenes and alegeance of þaire sekenes, if Godde wille þat þay turne agayne to þe hele, and als in forgyffnes of venial synnes and in lessynge of payne if

The sixth Sacrament is Orders.

þay passe heþene. The sexte sacrement of Haly Kyrke es ordire, þat gyffes powere to þam þat ryghtwysly tase it, ffor to serue in Haly Kirke efter þaire state es, and to þame þat takes þe ordyre of preste for to synge messe, and for to mynystre þe sacramentes of Haly Kyrke, þat to þame fallys, eftyr þe state þat

The seventh Sacrament is Matrimony.

þay hafe and þaire degre askes. The seuende Sacrament es matrymoyne, þat es lawefull festynnynge be-twyx mane and womane at þaire bathere assente, for to lyffe samene with-owtten any lowssynge, whills þaire lyffe lastes, in remedy of syne and getynge of grace if it be tane in gude entente and clennes of lyfe.

[1] A sentence is here wanting through error of the scribe.

The ferthe thyng of þe Sex.

These be þe seuene werkes of mercy bodyly.

Þe ferthe thynge of þe sex to knawe Godd Almyghty þat vs byhoues fullfille in alle þat we maye, ere þe seuene dedis of mercy vntill oure euene cristene þat Godd sall reherse vs apon þe dredfulle day of dome, and wiet howe we haue done þam here in þis lyfe, als Sayne Mathewe makes mynde in his gospelle. Of whilke þe firste es to fede þaym þat er hunngry. The toþer es to gyffe þaym drynke þat er thristy. The thyrde es for to clathe þame þat er clatheles or nakede. The ferthe es for to herber þam þat er houseles. The fyfte es for to vesete þame þat lyes in sekenes. The sexte es for to helpe þame þat lyes or er in presoune. The seuende es to bery dede mene þat hase myster. Þise ere the seuene bodyly dedis of mercy þat ilke mane awe to doo þat es myghtty. Þar are of mercy alswa seuene gastely dedis þat vs awe to doo till þame þat hase nede till vs. Ane es to consaile and wysse þam þat are wyll. Anoþer es to chasty þam þat wyrkkys ill. Þe thyrd es to solauce thaym þat er sorowefull and comforthe thaym. The ferthe es to pray for thaym þat ere synfull. Þe fyfte es to be thole-mode when men mysdose vs. Þe sexte es gladly to forgyffe when men haue greuede vs. The seuend when men askes vs for to lere thaym, if we cune mare þan þay, for to lere thayme. Þise vn-till oure neghtebours ere full nedfull, and to þame þat duse thayme wondire medfulle, ffor he sall mercy þat mercyfull es, and man with-owttene mercy of mercy sall mysse.

The fourth thing is the Seven Works of Mercy.

VII opera misericordie corporalia vno versiculo.
Vestio, cibo, poto, redimo, tego, colligo, condo.

VII opera misericordiæ spiritualia.
Consule, castiga, solare, remitte, fer, ora,
Instrue, si poteris, sic Christo carus haberis.

The ffifte thyng of þe sex.
The seuene gastely vertus.

The fifth thing is the Seven Virtues.

Þe fyfte thynge of þe sex to knawe God Almyghtene are þe seuene vertus þat Haly Writte teches; of whilke seuene þe thre firste þat are hede thewes teches vs how to hafe vs vn-to God Almyghtty, and þe foure teches us swa for to lyffe þat it be bathe lykande to Godd and to mane. Þe firste vertu es trouthe wharethurghe we trow anely in Godd þat made alle thynges, with all þe oþer vertus I touchede be-fore. And þis es nedfull till all þat

Faith.

cristenly lyffes; ffor trouthe es begynnynge of all gude dedis; ffor noþer es trouthe werthe with-owttene gud werk, ne na werke with-owttene trouthe may pay Godd Almyghty. Þe toþer gude

Hope.

thewe or vertue es hope, þat es a sekyr habydynge of gastely gude thurghe Goddes gudnes and oure gude dedis for to come to þat blysse þat neuer mare blynnes, noghte anely in trayste of Goddes gudnes, ne allanly in trayste of oure gude dedis, bot in trayste of thaym bathe whene þay are bathe sammene; ffor noþer sall we fall sa ferre in-till whanhope þat we ne sall traiste to hafe þat blysse if we wele do, ne we sall noghte com so ferre in-to ouerhope for to trayste so mekill in Goddes gudnes þat we

Charity.

sall hope to haue þat blysse with-owttene gude dedys. Þe thirde vertue or thewe es charyte, þe whylke es a dere lufe þat vs awe vn-till Godd-Almyghtty als for Hym selfe, and till oure euencristene for Godd Almyghttyne, ffor þe tane may noghte be lufede with-owttene þe toþer, als Sayn John þe gospellere sayse in his pystill. 'Þat commandement,' he saise, 'hafe we of Godd þat wha-sa-euer lufes Gode lufes his euencristyne, ffor he þat lufes noghte his broþer whame he may see, how sulde he lufe God

Justice.

whame he sese noghte.' Þe ferthe vertue or thewe es ryghtwysenes, þat es to ȝelde to all mene þat he awe þame, ffor to do to ilke a mane þat vs awe to doo, for to wirchipe thame þat ere worthy, ffor to helpe þe pure þat er nedy, to do no gyle ne wrange vn-to na mane bot for to do þat skill es vn-till ilke mane.

Prudence.

Þe fyfte vertue or thewe es sleghte or sleghenes, þat wysses vs to be-warre with wathes of þe werlde, ffor it kennes vs to knawe þe

gud and þe ill, and alswa to sundire þe tane fra þe toþer, and for to leue þat es euyll and take to þe gude, and of twa gud thynges for to chese þe better. Þe sexte vertue es strenghe or stalworthnes, noghte anely of body bot of herte and will, euynly to suffire þe wele and þe waa, welthe or wandreth whethire so betyde, and þat oure herte be noghte to hye for na wele-fare, ne ouer-mekill vndire for nane euylle fare, bot styffely for to stande agaynes oure faas, whethir þay be bodyly or þay be gastely, swa þat na fulle fandynge make vs to falle ne be false in oure faythe agaynes God Almyghtty. Þe seuend vertue and þe laste es methe or methefulnes, þat kepes vs fra owterage and haldes vs in everhede, lettes fulle lykynge and luste of þe flesche and ȝemes vs fra ȝernynges of werldly gudes and kepes in clennes of body and of saule. ffor methe es mesure and mett of all þat we do if we lyffe skillwysly als þe lawe teches. Fortitude. Temperance.

The sexte thyng and þe laste.

The sexte thynge and þe laste of þase I firste towchede es þe seuene hevede or dedly synns þat ilke a mane and womane awe for to knawe to flee and forhewe, ffor folkes may noghte flee þame bot þay knawe thaym. Pride and Enuye, Wreth and Glotonye, Couetyse and Slouthe, and Lecherye. And for-þi er þay callede seuene heuede synnes for þat all oþer commes of thayme; and for-þi er þay callede dedely synnes, for þay gastely slaa ilke manes and womanes saule þat es haunkede in alle or in any of thayme. Whare-fore þe wyese mane byddes in his buke als fra þe face of þe neddyre fande to flee syne. ffor als þe venyme of þe neddire slaas manes body swa þe venyme of syn slaas manes saule. The firste of þise seuene synnes es callede pryde, þat es a lykande heghenees of a manes herte, of offyce or of heghe state, or oþer noblaye þat he ouþer haues of kynde or of grace, or he hopes þat he haues mare þan anothire. And of þis wikkede synne commes some sere spyces, boste and auauntynge and vn-bouxomnes, despite, and ypocrisy and vnhamlynes, and oþer þat ofte ere sene amanges prowde mene. The secunde dedely synne es hattene-enuy, þat es a sorowe and a syte of þe The sixth thing is the seven deadly sins. Pride. Envy.

wele fare and a ioy of þe euyll fare of oure euenecristene, of whilke synn many spyces sprenges and spredes. Ane es hateredyne to speke or here oghte be spokene þat may sowne vn-to gude to þaym þat þay hate. Ane-oþer, false juggynge or dome of þaire dedis, and ay turne vn-to euylle þat es done to gude. Þe thirde es bakbytynge, to saye be-hynde þame þat we will noghte auowe ne saye before þame. Whare noghte anely he *þat* spekes þe euyll bot he þat heres it be spokene, es for to blame, ffor ware þare na herere þare ware na bakbyttere.

Anger. Þe thirde dedly synn or heuede syne es wrethe, þat es a wykkede stirrynge or bolleuynge of herte whare-fore a man wilnes for to wreke hyme or wykkydly to venge hym appone his euynecristyne. And of þis wykkede syne commes stryvynge and flytynge with many false athes and many foule wordes sclaundere, for to for-do a man's gude fame, ffeghtynge and ffelony and ofte manes-slaughtere and many ma þat nowe es [na] nede for to

Gluttony. be neuenede. Þe fferthe dedly synne mene calles glotonye, þat es ane vnskilwyse lykynge or lufe in taste or in takynge of mete or of drynke; and þise trespas mene duse appone sere wyse. Ane es ouþer ouer arely or ouer late or ouer ofte-sythe for to ete or drynke bot if nede gere it. Ane oþer es for to lyffe ouer delycately. Þe thirde es for to ete or drynke ouer mekyll. Þe ferthe es ouer hastely to ete or to drynke. Þe fifte es to compas *and* caste appone whate wyese we may gette dylicious metis or drynkes to fulfill þe lykynges and þe lustes of þe flesch oþer þan we may gudly lede oure lyffe with—

præpropere, laute, nimis, ardenter, studiose.

Covetousness. Þe fyfte dedly syne es callede couetyse þat es a wrangwyse wilnynge or ȝernynge to haue any maner of gude vs awe noghte. And þis es donne pryncypally appone twyn wyese. Ane es wrangwysely to get any thynge þat oure likynge or oure lufe lyghtes apone, als be sacrelege or by symony, falsehede or okyr, or oþer gelery, whilke þise worldely mene er wounte for to vse þat castes þaire couaundenes swa vn-to couetyse þat þay ne rekke wheþer it be with ryghte or with wrange, bot þat þay may gette þat at þaire herte ȝernes. Anoþer es wrangwisely to halde þat

at es getyne, þat es whene we will noghte do to Godd Almyghtene ne till Haly Kyrke ne till oure euenecristyne þat vs awe for to do by dett and by lawe, bot anely haldes þat we hafe for ese of oure selfene, whare noghte anely he þat wrangwysly getes bot he þat wrangwysely haldes falles in þe synne. Þe sexte dedly synne es slewthe or slawenes, þat es a hertly angere or anoye till vs of any gastely gud þat we sall do; and of þis wikkede synn comes sere spyces. Ane es latesomnes or lyte to drawe apone lenghte or to lache any gude dedis þat we sall do þat may turne vs till helpe or hele of oure saules. Anoþer es a dullnes or heuenes of herte þat lettes vs for to lufe oure Lorde Gode Almyghtene or any lykynge to hafe in his seruyse. Þe thirde es ydillchipp þat ouer mekylle es hauntede, þat makes lathe to begynne any gude dedis and lyghtly dose vs to leue whene oghte es begunne, and þare whare we ere kyndely borne for to swynke, als þe feule es kyndely brede for to flie, it haldes vs euermare in ese agayne oure kynde, ffor ydillnes es enemy to cristene mane saule, stepmodire and stamerynge agaynes gude thewes, and witter-wyssynge and waye till alkyne vices. Þe seuend dedely syne es hattene lychery, þat es a foule lykynge or luste of þe flesche, and of þis foule syne comes many sere spyces. Ane es ffornycacyone, a fleschely synn be-twyxe ane anlypy mane and ane anlypy womane, and for-thi þat it agaynes þe lawe and þe leue and þe lere þat Haly Kirke haldes it es dedly syne to þaym þat it duse. Anoþer es avowtry, and þat es spousebreke, wheþer it be bodyly or it be gastely þat greuosere and gretter es þan þe toþer. Þe thirde es incest þat es when a mane synnes fleschely with any of his sybb frendes, or any oþer þat es of his affynyte gastely or bodyly, wheþer so it be. Oþer spyces many sprynges of þis syne þat ouer mekill es knawene and kende in þis werlde with þaym þat ledes þaire lyfe als þaire flesche ʒernes. Þise are þe sex thynges þat I hafe spoken off þat þe lawe of Haly Kirke lyes maste in, the whilke we er haldene to knawe and to cune if we sall knawe God Almyghty and come till his blysse. And for to gyffe ʒow better wyll for to cune thaym oure ffadir þe beschope grauntes of his grace ffourty dayes of perdoune till all þat cunnes thaym and

Sloth.

Lechery.

These things must be known if we would gain the bliss of heaven.

ratyfyes alswa þat oþer mene gyffes, swa mekille coueites he þe
hele of ȝour saules; ffor ȝife ȝe couaundely knawe þise sex
thynges thurgh thaym sall ȝe cune knawe Godd Almyghty,
whaym, als Sayne John sayse in his gospelle, cun*n*andely for to
knawe swylke als He es, it es endles lyfe and lastande blysse. To
þe whylke blysse he brynge vs oure Lorde Gode Almyghty.
Amen. Amen. P*er* Domin*um* nostr*um* Jesu*m* Chri*stum* qui
c*um* Deo patr*i* et S*p*irit*u* Sa*n*cto viui*t* et regnat om*n*i*po*ten*s* in
secu*l*a secu*l*or*um*. Amen. Amen. Amen.

THE MIRROR OF SAINT EDMUND.

II.

Incipit Speculum Sancti Edmundi Cantuarensis Archipiscopi in Anglia. Here begynnys the mirrour of Seynt Edmonde þe Ersebechopp of Canterberye.

Videte vocacionem vestram. This wordes sayse Saynte Paule I.[1] in his pistyll, and thay are thus mekill to saye one ynglysche, 'Seese ȝowre callynge.' This worde falles till vs folke of religioune : and þat sais He till excite vs till perfeccyone. And ther-fore what houre þat I thynke of my-selfe, one nyghte or on day, on a syde hafe I gret joye, and on anoþer syde gret sorowe. Joy, for þe haly religione, sorowe and confusyon for my febille conuersasione. And þat es na woudire, for I hafe gret enchesone. Als þe wyese man saise in his sermon, he sais to com to religione es souerayne perfeccyone, and there-in noghte perfitly to lyffe es souerayne danmpnacyone. And thar-for þare es na turne of þe way bot ane, to come in congregacyone, þat es to drawe to perfeccione als þou will þi saluacyone, to leue all þat es in this worlde and all þat þer-to langys, and sett thi myghte to lyffe perfitly. To lyffe perfitly, as Sayne Bernarde vs kennys, þat es to lyffe honourabilly mekely and lufe-somly. Honourabilly als to God, þat þou sett thyne entente to do Hys will, þat es say in all thynges þat þou sall thynke in hert, or say with mouthe, or doo in dede, with any of þi fyve wittes. Alls with seynge of

The writer addresses himself to the folk of religion, and exhorts them to live perfectly.

II. *Perfect living consists in living honourably, meekly, and lovingly. 'Honourably' implies doing God's will in all things.*

---

[1] The numbers at the side are not in the MS., but are appended to mark the chapters of the original Latin work.

eghe, herynge of ere, smellynge of neese, suellynge of throtte, towchynge of hande, gangand, or standand, lygand, or sittande, thynke at þe begynnynge if þat it be Goddes will or noghte. And if it be Goddes will do it at thy powere. And if it be
What the will of God is, viz. that we should be holy.
noghte hys will do it noghte for to suffre þe dede. Bot now may þou aske mee what es Goddes wyll. I say þe his will es na noþer thynge bot þi halynes. Als þe Appostill in his pystill.

III. *Hec est voluntas Dei sanctificatio vestra:* Þat es to say þat es Goddes will þat ȝe be haly. Bot now may þou aske me. What mase man haly? I say þe twa thynges wiþ-owtten ma, þat es
Holiness consists in knowing and loving.
knawynge and lufe. Knawyng of soþefastnes and lufe of gudnes. Bot to þe knawyng of Godde, þat es soþefastnes, ne may þou noghte come bot be knawynge of thi selfe, ne ȝet to þe
To know God we must know ourselves.
luf of Godde may þou noghte come bot thurghe þe luf of thynne evyne-crystyne. To þe knaweyng of þi selfe þou may come one þis manere. Thynke besely and ofte what þou erte, what þou
Reflect then on thyself.
was, and what þou sall be. ffyrste als vn-to þi body. Þou erte nowe vylere þane any mukke. Þou was getyne of sa vile matire
Thou art made of vile corrupting matter.
and sa gret fylthe þat it es schame for to nevunne and abhomynacyone for to thynke. Þou sall be delyuerde to tades and to neddyrs for to ete. What þou has bene and what thou erte, now sall þou als to þi saule, thynke, for what thou sall be þou may
Thou hast done many sins.
noghte wyete nowe. Umbethynke þe nowe how þou has done gret synns and many, and how thou has lefte gret gudnes and many. Thynke how lange þou hase lyffede and what thou has rescheyuede and how þou has dyspende it. ffor ilke an houre þat þou has noghte thoghte one God þou has it tynte. ffor þou sall ȝelde resone of ilke one ydill thoghte of ilke ane ydill dede,
Thou must give account of all.
of ilke ane ydill worde. And righte as þou has noghte ane hare of thi heuede þat it ne sall be gloryfyede if swa be þou be safede, righte swa sall eschape nane houre þat it ne sall [be] accountede. A Ihesu mercy! If all þis worlde ware full of smalle powdire wha suld be sa qwaynte þat he sulde or moghte jugge ilke a thoghte ilke a sawe, ilke a dede by þame selfe, and
It is hard to search out all that is in the heart of man.
twyn ilke ane fra oþer? Certis na thynge bot þe saule þat es a thowsande sythes gretter þan all þis worlde if it ware a thow-

sande sythes gretter þan it es. And it es so full of dyuerse
thoghtes, lykynges and ȝernynges, wha moghte þan thus seke his
herte þat he moghte knawe all þat es þare-in or thynke it? See
nowe my dere hertly frende howe þou has gret nede of knawynge
of thi selfe. Sythene aftyrwarde take gude hede whate þou erte
nowe als vn-to þi saule; how þou has littyll of gude in the and
littill of witte and littill of powere, ffor þou ȝernys ilke a daye
þat at noghte avayles the, and euer mare ouer lattly þat it may
availe the. Dere ffrende, þou erte dessaysede sa ofte with
vayne joye, nowe trauelde with drede, nowe erte þou lyftede one
lofte with false trayste. See now on þe toþer syde. Þou ert
chaungeabill, þat at þou will doo to day þou will noghte to
morne. And ofte sythes þou erte anoyede eftire many thynges,
and turment if þou hase thaym noghte. And sythen when þou
has þam at þi will þan erte þou of thaa thynges annoyede.
Thynke ȝitt one ȝe toþer syde how þou erte lyghte to fande,
frele to agayne-stande and redy to assente. Of all þese
wrechidnes now has þe delyuerde Ihesu þi spouse, and delyuers
þe ylke day mare and mare. ffor whene þou was noghte he mad
þe in saule aftire his awene lyknesse and his ymage, and þi body
made of foule stynkande skyume of þe erthe whare-of es abhomy-
nacyone to thynke, he mad þe in witte and in membirs sa nobill
and sa faire þat nane can deuyse. Thynke now besyly ȝe þat
has fleschely frendis and kynredyn why ȝe luffe þam sa derely
and sa tendirly. If þou say þat þou lufes þi fadire or þi modire
for-thi þat þou erte of þaire blude and of flesche getyne, sa are þe
wormes þat comes of þam day be day. On a-noþer syde þou has
noþer of þam body ne saule bot þou þan has of God thurghe
thaym. ffor whate sulde þou hafe bene if þou had duellyde
swilke as þou was of thaym? when þou genderide in fylthe and
in syne? One þe toþer syd if þou lufe brethire or syster or oþer
kynredyn, for-thi þat þay are of þe same flesche of fadir or of
modire and of þaire blude, by þe same skyll solde þou lufe a pece
of þaire flesche if it shorne a-waye, and þat solde be errour gret
with-owtten mesure. Ȝyfe þou say þat þou lufes þam for-thi þat
þay hafe fleschely fegure in lyknes of man and for-thi þat þay

Our short-comings and imperfections are manifold.

Jesus the only deliverer from weakness and wretchedness.

He ought to be loved more than earthly friends.

haue saule ryghte als þou has, þan es þi broþer fleschely na nerre þan anoþer, bot in als mekill als þou and he hase bathe a fadire and a modire fleschely, the begynnynge of þi flesche þat es a lyttill filth stynkande and full to see. Thare-fore þou sall lufe hym of whaym all þi fairenes comes. And þou sall lufe gastely

IV. ilk a man and flee fra now-forthwarde to lufe fleschly. And swa sall þou doo certaynly if þou couabilly thynke of gudes þat he has done gudly for þe, and mare sall doo if þou lufe hym enterely, ffor als I saide at þe begynnynge when þou was noghte he made þe of noghte, and when þou was tynte he fande þe, and when þou was peryschede he soghte þe, and whene þou was saulde with syne þan he boghte þe, and whene þou was dampnede þan he sauede þe. And when þou was borne in syne he baptyȝede þe, and fythen aftirwarde when þou synnede sa foully and sa ofte, þan he sufferde þe so frely, and habade thyne amendemente sa lange, and fythen rescheyuede þe sa swetly, and þe has sett in sa swett a falachipe. And ilke a day when þou mysdose þan he reprofes þe, and when þou repentis þe þan he forgyffes the, and when þou erris þan he amendis þe, and when þou dredis þe þan he leris þe, and when þou hungers þan he fedis þe, and when þou erte calde þan he warmes þe, and when þou has hete þan he kelis þe, and when þou slepis þan he saues þe, and when þou ryseȝ vpe þan he vphaldes þe, and euer mare when þou erte at male eese þan he comforthes þe. Thyre gudnes and many oþer hase done vnto þe thi swete spouse Ihesu Criste. And þe swettnes of his herte sall þou thynke euer mare, and euer speke þare-of, and euer mare lofe hym, and euer thanke hym, and that bath nyghte and day, if þou oghte kane of lufe. And þare-for

V. when þou ryses of þi bedde at morne or at mydnyghte thynke als tite how many thowsand mene and womene ere perischede in body or in saule þat nyghte. Some in fyre some in oþer manere, als in water or on lande. Some robbide, woundide, slayne, dede sodanly with-owtten sacramentis, and fallyne in till dampnacione ay lastande. Thynk alswa how many thowsande þat nyghte are in perill of saule þat es to say in dedly syne, als in glotony, lechery, couetyse, in manes-slaynge and in many oþer folyes.

And of all þise illes the has delyuered thy swete Lorde Ihesu, with-owtten þi deserte. What seruyce hase þou done wharefore he hase ynsgate keped þe, and many oþer loste and forsakene? ffor sothe if þou take gud kepe how gret gude he has done þe on ilk a syde, þou sall fynd hym ocupiede aboute þi profet als he did nane oþer thynge bot anely ware entendande to þe and to þi hele, als if he had forgetyne all þis worlde for to be anely intendand vn-to þe. And when þou hase þis thoghte lyfte vp thi handis and thanke thi Lorde of þis and of all oþer gudes, and say one þis manere, 'My Lorde Ihesu Criste, grace I ȝelde and thanke þe þat me thyne vnworthy seruande þou hase kepid couerde and vesete in þis nyghte (or in þis day), hale, safe, and wemles vn-to þis tyme þou hase made to come, and for all oþer gudes and benefitis þat þou hase geffyne me, anely thurghe þi gudnes and þi pete þou þat lyffes and regnes endles. Amen.' Dere frende in þis same manere sall þou say when þou ryses at morne, and when þou lygges downe at evyne. And when þou has done swa þan sall þou besyly thynke how þou hase spende þat day (or þat nyghte), and pray God of mercy of þe ill þat þou hase done, and of þe gude þat þou hase lefte vn-till þat tyme. And dere frende, do na thynge in þis lyfe till þou command þi selfe and thi frendes qwykke and dede in the handes of thi swete Lorde Ihesu Criste, and say one þis maner[1], 'Lorde Ihesu Criste in þi handis, and in þe handis of thyne haly angells I gyffe in þis nyghte (or in þis day) my saule and my body, my ffadir and my modire, my brothire and my systirs, frendis and seruandes, neghtebours and kynredyn, my gude doers and all folke righte trowande; kepe vs Lorde in þis nyghte (or þis day) thurgh þe gud dedis and þe prayere of þe blyssed maydene Marie and all thi halous, fra vices and fra wykked ȝernyngeȝ, fra synns and fra fandynges of þe deuell, fra sodayne and avysede dede, and fra þe paynes of helle. Lyght my herte of the Haly Gaste and of thi haly grace. Lorde þou make me to be bouxsome euer mare

The prayers we ought to offer to Christ.

---

[1] This prayer and the above are first given in the MS. in Latin, the translation immediately following. It did not seem necessary to print the Latin as well, the English being a full equivalent.

to þi byddynges, and suffire me neuer mare to twyne fra the, endles Ihesu, Lorde in Trinite. Amen.' My dere frende if þou hase þis manere þan sall þou hafe verray knaweynge of thi selfe, ffor thus saise haly Writte, If þou traiste one thy selfe to þi selfe þou sall be takyne, and ȝif þou traiste one God and noghte one þi-selfe to God þou sall be gyffene. And þis manere of consederacyone es called medytacyone, ffor by þis maner of knawynge of þi selfe *and* by þis maner of medytacyone sall þou come to

Thus we may obtain the knowledge of ourselves.

VI. þe knaweynge of Gode by haly contemplacyone. Wiet þou þat pare es thre manere of contemplacyone. The fyrste es in creaturs. The toþer es in haly scripture. The thirde es in Gode hym-selfe in his nature. Thow sall wyet þat contemplacyone es na noþer thynge bot thoghte of God in gret lykynge in saule, and to se his gudnes in his creaturs. His gudnes in his creaturs may þou see one þis manere. Thre thynges pryncypaly ere in Gode þat es to say Myghte, Wysdome, and Gudnes. Myghte es appropirde to Godd þe ffadire. Wysdome to God þe Son. Gudnes to God þe Haly Gaste. Thurgh Goddes myghte ere all thynges made, and thurgh his wysdome ere all thynges meruailously ordaynede, and thurgh his gudnes ilke a day ere all thynges waxande. His powere may þou see by þaire gretnes and by thaire makynge; His wysedome by þaire fairenes of þaire ordaynynge; His gudnes may þou see by þaire encressynge. Þaire gretnes may þou see by þaire four pertynges, þat es to saye by þaire heghte, and by þaire depnes, and by þaire largenes, and by þaire lenghe. His wysedome may þou see if þou take kepe how he hase gyffene ylke a creature to be. Some he hase gyffene to be anely with-owttene mare, als vn-to stanes. Till oþer to be *and* to lyffe, als to grysse and trees. Till oþer to be, to lyffe, to fele als to bestes. Till oþer to be, to lyffe, to fele and with resone to deme, als to mane and to angells. ffor stanes erre bot þay ne hafe nogte lyffe, ne felys noghte, ne demes noghte. Trees are, þay lyffe bot thay fele noghte. Men are, þay lyffe þay fele and þay deme, and þay erre with stanes, lyffe with trees, þay fele with bestes and demys with angells. Here sall þou thynke besyly þe worthynes of manes kynde how it ouer-passes ilke a creature. And þare-

The three different sorts of contemplation:

Contemplation of the works of God;

The excellence of man's nature;

fore saise Saint Austyne 'I wald noght hafe þe stede of ane angelle if I myghte hafe þe stede þat es purvayede to mane.' Thynk also þat mane es worthy gret schenchip þat will noghte lyffe eftyre hys degre and eftyre his condicyone askis; ffor all þe creaturs in þe worlde ere made anely for mane. Þase þat ere meke ere made for thre skylles, ffor to helpe vs at trauayle, als nate, oxene, kye and horse; ffor to couer vs and clethe vs, als lyne, and wolle and lethire; for to fede vs and vphalde vs, als bestes, corne of þe erthe, ffysche of þe see, and þe noyande creaturs als ill trees and venemous bestes; þe wylke are made for thre thynges, ffor oure chastyyng, for oure amendement, and for oure kennynge. We ere chastied and puneschet when we ere hurte. And þat es gret mercy of Godde þat he will chasty vs bodyly þat we be noghte punescht lastandly. We erre amendid when we thynke þat all þese ere broght vs fer oure syne. ffor when we see þat sa lyttill creaturs may noye vs, þane we thynke one oure wrechidnes, and þane we ere mekyde. We ere efterwarde kende for-þi þat we see in þise creaturs þe wondirfull werkes of God oure Makere, ffor mare vs availes till oure ensampill and edifycacione þe werkes of þe pyssmowre þan dose þe strenghe of þe lyone or of þe bere. Als-swa, righte als I haue said of bestes, reght swa vndirstande of trees, and when þou hase donne on þis manere raise vp thy herte vn-till Godd, and thynke how it es grete myghte to make all thynges of noghte and to gyffe þam to bee, and gret wysdom to ordayne þam in sa gret fairenes and in swa gret bounte, to multyply þam ilk a day for oure prowe. A! mercy Godd! how we are vnkynde! We dyspende all his creaturs and he þam makes! We confound þam and he þam gouernes. We distruy þame ilke a day, and he þam multyplies. And þare-fore say till hym in thi herte, 'Lorde for-þi þat þou arte, þay ere, and for-þi þat þou arte fayre, þay are faire; and for-þi þat þou arte gude, þay are gude. With gud ryghte þay loue þe, and onoures þe, and gloryfyes þe, all thy creaturs. O blyssed Godd in Trinyte, with gud ryghte þay loue þe for þaire gudnes, with gud ryghte þay anourene þe for thaire fairenes, with gud righte þay glorify þe for þaire profet,

All creatures made for him.

The thoughts this should cause in us.

all þi creaturs blyssed Trinyte! of wham all thynges ere thurgh His powere made; thurgh whaym all thynges are thurgh Hys wysedome gouernede; in whaym all thynges are thurgh His bounte multipliede; till Hym honour and louynge with owttene [ende]. Amen.'

VII. Þe toþer degre of contemplacyone es in Haly Wryte. Bot nowe may þou say to me, þat knawes na letters, how may I euer mare com to contemplacyone of Haly Writte? Now my dere frende vndirstande me swetely and I sall say perchance to þe all þat es wretene if þou kane noghte vndirstand Haly Writt. Here gladly þe gud þat mene saise þe, and whene þou heres Haly Wryte owþer in sermone or in priue collacyone, take kepe als tyte if þou here oghte þat may availe þe till edyfycacyone, to hate syne and to lufe vertue, and to dowte payne, and to ȝerne joye, to dispyse þis worlde and to hye to blysse, and what þou sall doo and whate þou sall lefe, and all þat lyghtes þine vndirstandynge in knawynge of sothefastnes, and all þat kyndills þi lykynge in brynnynge of charite, ffor ef þise twa gudnes es all that es wretyne in preue or in apperte. Owte of haly writte sall þou drawe and cune witte whilke are þe seuene dedly synnes, and þe seuene vertus, and þe ten comandementis, and þe tuelfe artycles of þe trouthe, and þe seuene gyftis of þe Haly Gaste, and þe seuene werkes of mercy, and þe seuene vertus of þe Gospell, and þe seuen prayers of þe *pater noster*.

VIII. Þir are þe seuene dedly synnes—

Pryde and Envy, Ire, Slouth, Couetyse, Glotony and Lechery. Pryde es lufe of vnkyndly heghyng, and þar-of comes þir seuen vnbouxomnes agayne God, or agayne soueraynge, þat es to say to lefe þat þat es comandyd, and to do þat that es defendyde. The toþer branch of pride es surquytry, þat es to vndirtake thyng ouer his powere, or wenys to be mare wyse þan he es, or better þan he es, and auauntez hym of gude þat he hase of oþer, or of ill þat he hase of hym-selfe. The thrid braunche of pride es ypocrisye, þat es whene he feynys hym to hafe gudnes þat he hase noghte, and hydes þe wykkednes þat he hase. The ferth braunch of pride es despyte of thyne euencristene, þat es when

man lesses gudnes of oþer, for-thi þat hym selfe suld seme þe bettir. The fyfte braunche þat es when man makes lyknes betwyx his awene wykkednes and oþer mens wikkednes, þat his awene may seme þe lesse. The sexte braunche of pryde es vnschamefulnes, þat es when men hase noghte schame of ill ded aperte. The seuene braunche of pryde es elacione, þat es when a man hase heghe herte þat he will noȝte suffire to felawe ne mayster. Dere frende þou sall wit þat thre thynges ere whare-of a man enprides hym, þat es to say of þe gudeȝ þat he hase of kynde, als fairenes or strenghe or of gude witte or of nobille kynredyne. The toþer thyng es þat men hase of purchase als cunnynge, grace, gud loos or dygnyte or offyce. The thirde thynge es erthely thynge or erthely gude, als clethynge, houssynge, renteȝ, possessione, menȝe horssyng and honour of þis worlde. Pride makes man to be of gret herte and heghe, to despyse his euencristene and to ȝerne heghenes and maystry ouer oþer. The toþer dedly syne es envy. *Envy.* And þat es joye of oþer mens harme and sorowe of oþer mens welefare. And þat may be in herte with lykynge, or in mouth with bakbytynge, or in werke with of mens gudnes wythdrawyng, or ells with ill procurynge. Envye mase man to hafe þe herte hevy of þat he sese oþer men mare worthi þan he in any thyng. The third dedly syne es wrethe, þat es ane vnresonabyll *Anger.* tempoure of herte, and of it comes stryfes and contekes schamefull, and dyuerse wordes, and deuyouse and wikked sclandirs. The ferthe dedly syne es slouthe, and þat mase manes herte hevy *Sloth.* and slawe in gude dede, and makes mane to yrke in prayere or halynes, and puttes man in wykkednes of wanhope for it slokyns þe lykynge of gastely lufe. The fyfte dedly syne es couetyse, and *Covetousness.* þat es ane vnmesurabill luffe to haffe erthely gudes, and it destroyes and blyndes manes herte. And þare-of comes tresones, ffalse athes, wykked reste-malice, and hardnes of herte agaynes mercy. The sexte dedly syne es glotony, and þat makes man to *Gluttony.* serue and to be bouxome till wykked lykynges of þe flesche, þe whilke man suld maister and ouercome with mesure. Of glotony comes vayne joy, lyghtnes, and littill vndirstandynge. The

seuene dedly syne es lecherye, and þat mase manes herte to melte, and to playe thare þare his herte lykes, and heldes, and þat with-owttene gouernynge of þe soune. Of lechery comes blyndynge of herte, in prayere vnstabilnes and fulle hastynes, lufe of hym selfe, hatredene of Godde, lufe of þis worlde, vgglynes and whanhope of þe blysse of heuene. Dere frende, thire are þe seuene dedly synnes, and wele are þay callid dedly synnes, ffor Pryde twynnes fra man his Godde, Envy his euencristen, Ire hym-selfe twynnes, Slouthe hym tourmentes, Couetyse hym begyles, Glotony hym dessayues, and

IX. Lecherye hym in thraledome settis. Nowe hase þou herde þe seuene sekenes of manes saule. Sythen aftirwarde comes þe souerayne leche and takes þere medcynes, and waresche man of þese scuene seknes, and stabills hym in þe seuene vertues, thurgh þe gyftes of þe Haly Gaste. Þe whilke are þese, þe gaste of wysdom and vndirstandynge, þe gaste of consaile and of stalworthenes, þe gaste of cunnynge and of pete, and þe gaste of drede of Godde Almyghty. Thurghe þese gyftes oure Lord Jhesu lerres man all þat he hase myster till þe lyfe þat es callid actyfe, and til þe lyfe called contemplatyfe. And se how firste man suld lefe þe euyll and do þe gude; lefe þe euyll, þat teches vs þe gaste of drede of Godd Almyghty, and do þe gude, [þat] leres vs þe gaste of pete. And for-thi þat twa thynges are þat lettis vs to do gude, that es at saye welefare and tribulacione of þis worlde, ffor welefare desayues vs with losengery, tribulacione with hardnes of noyes and dysses, for-thi sall þou despyse þe welefare of þis worlde þat þou be noghte þer-with dessayued, and þat leres þe gaste of cunnynge, and þou sall stallworthly suffire tribulacyone þat þou be noghte ouercomen, and þat teches vs þe gaste of stallworthenes. And þire foure suffice till þe lyfe þat es callid actyfe. And þe toþer thre fallys to þe lyfe þat es callid contemplatyfe ffor thre maners of contemplacione. Ane es in creaturs and þat leres þe gaste of vndirstandynge. The toþer es in Haly Writte whare þou sese whate þou doo and what þou sall lefe, and þat leres þe the gaste of consaile. The thirde manere es in Godde hym-selfe, and þat leres vs the gaste of wysdome. Now þou sese

thurghe þe gyftes of Ihesu how he es besy aboute oure hele. Eftire þis sall þou wiete whilke ere þe ten comandementis. Þe firste comandement es þis, 'Thou sall wirchippe bot a Godde þi Lorde, and till hym anely þou sall serue.' Þat es at say, wyrchipp hym with righte trouthe, serue vntill anely with gude werkes. Here sall þou thynke if þou hase lelly scrued Godde and wirchiped Godde; if þou hase seruede hym ouer all thynge, if þou hase ȝolden hym þat that þou hyghte, or if þou hase done lesse penance, and if þou hase ȝoldyne hym þat that þou hyghte hym in þi cristyndome, that was to forsake þe deuelle and all his werkes and in God lelly to trowe. And thurghe þis comandement es man ordaynede ynence God þe ffadire. Þe toþer comandement es defendid to take Goddes name in vayne, and lying and falsenes þare-in es defendid, and thurghe þis comandement es man ordaynede ynence Godd þe Sone, þat saise hym-selfe 'I am sothefastnes.' Þe thirde comandemente es, 'vmbythynke þe þat þou kepe þi haly-dayes,' þat es to saye in þine awene herte to kepe þe in riste and pees with-owttene seruage of syne or of bodyly dedis. And þis comandement ordaynes mane to reschayfe þe Haly Gaste. Þise thre comandementes lerres man how-gates he sall hafe hym ynence Godd þe Trynyte, to whas lyknes he es made in saule. Þe oþer seuene comandementes lercs man how he sall hafe hym ynence his euencristene. Þe firste es 'þou sall honour þi fadire and þi modire fleschely and gastely and þat in twa maners, þat es to say þat þou be bouxom to thaym in reuerence and honour, and þou helpe þame at thy powere in all thynges þat þay hafe myster, þat þou be of lange lyfe in erthe, ffor if þou will be of lang lyfe it es resone þat þou honoure thayme of whaym þou hase þe lyfe, ffor he þat will noghte honoure hym thurgh whaym he es, it es noghte righte þat he be mare þan he es. Þe toþer comandement es þis, 'Þou sall sla na man.' Here sall þou wyt þat slaughter es of many maneres. ffor þer es manes-slaghter of hand, of tunge, of herte. Manes-slaynge of hande es when a mane slaes anoþer with his handes, or when he duse hym in bandis of dede, als in presone or in oþer stede þat may be enchesone of his

X. The ten Commandments.

The first Commandment.

The second Commandment.

The third Commandment (4th of Decalogue).

The fourth Commandment (5th of Decalogue).

The fifth Commandment (6th of Decalogue).

dede. Manes slaynge of tunge es in twa maners, thurghe comandement, or thurghe enticement. Manes-slaynge of herte es alswa one twa maners þat es whene mene ȝernys and couaytes ded of oþer, and when he suffyrs man to dy and will noghte delyuer hym if he hafe powere. Þe thirde comandement es þis. 'Þou sall do na lechery;' and þat es ryghte. Wha so will hafe þe lyfe with-owttene corupcyone in þe joy of heuene, hym byhoues kepe his lyfe þat es dedly with-owttene corupcione of body. The ferthe comandement es þis, 'Þou sall do na thyfte ne na falsenes,' and þat es ryghte, for he þat will safe oþer menes lyfe he sall noghte do away þat that moghte his lyfe sustayne. The fyfte comandement es þis, 'Þou sall noghte bere false wittnes agaynes thyne euencristyn with hym þat will noye hym or sla hym.' And þat es ryghte, ffor he þat will noghte sckathe his euencristyne he sall noghte consente ne na consaile gyffe to do hym ill. The sexte comandement and þe seuend er þir, 'Þou sall noghte couaite þi neghtboure wyfe, ne þou sall noghte couayte his house, ne nane of his gude wrangwysly,' ffor he þat hase wykked will and ill entente in his herte, he may noghte lang with-haldynge hym fra wykkide dede, and þer-fore if þou will noghte do lecherye þou sall noghte consente to mane ne to womane þat it duse, and if þou will noghte stele þou [sall] noghte couayte other manes thynges in þi herte. Dere frende, þir are þe ten comandementes þat God gafe till Moyses in the mounte of Synay. The thre fyrste er pertenande to þe lufe of God and the tother seuene to þe lufe of þi selfe and of thyne euene crystyne. Now, efter, sall þou wyt whilke ere þe seuene vertues, þat es to saye Trouthe, Trayste and Lufe, Wysedome and Rightwysenes, Mesure and fforce. Of þe same matire er þe seuene vertus þat þe ten comandementis, bot þis es þe varyance be-twyx thaym. The tene comandmenteȝ kennes vs what we sall do, and þe seuene vertus kennes vs how we sall doo. The thre fyrste, þat es to say Trouthe, Trayste and Lufe, ordaynes the how þou sall lyfe als to Godd, þe toþer foure how þou sall ordayne thyne awene lyfe þat sall lede till þe joye of heuene. Dere frende the awe to wyt þat we ere all made for ane ende,

The sixth Commandment (7th of Decalogue).

The seventh Commandment (8th of Decalogue).

The eighth Commandment (9th of Decalogue).

The ninth and tenth Commandments (10th of Decalogue).

XI. *The seven Christian virtues.*

Difference between these and the Commandments.

þat es to say for to knawe Godde, to hafe hym and to lufe hym. Bot thre thynges er nedefull at puruaye till oure cunnynge, that es to wyte whedyr we sall ga and þat we wyll come thedyre, and þat we hafe trayste to com thedyre; ffor grete foly ware it to be-gyne þe thynge mane may noghte ende; ȝitt one þe toþer syde þe mane þat will wyele doo, hym nedide to hafe wysdome, myghte, and will; þat es to say þat he koune doo, and þat he may doo, and þat he wyll doo. Bot for-þi þat we hafe noghte cunnynge, myghte, ne will of oure selfe, for-þi hase Gode gyfene vs trouthe for to fulfill þe defaute of oure myghte; Sothefaste lufe es for to ordayne oure will to þe tane and to þe toþer. Trouthe ordaynes vs to Godde þe Sone to whaym es appropyrde Wysdome, Trayste till Godd þe ffadyre to whaym es appropyrde myghte, Lufe to þe Haly Gaste till whayme es appropyrde gudnes. And þare trouthe makes vs to hafe knawynge, and þat knaweynge vs sayse þat he es wondyrfull, ffre es he þat one þis manere and þus largely gyffes of his gudnes, and of þat comes trayste, and [of] þat knawynge þat sais þat he es gude comes þe thyrde sothefastnes, þat es lufe, ffor ylke a thynge luffes kyndely þe gude. Dere frende, here sall þou wyte whilke are þe twelue artycles of þe trouthe. The firste es þis þat Godde es ane in hym selfe and thre in persons, with-owtten begynnynge, and with-owtten end-ynge, and þat all thynges made of noghte with his worde. Þe toþer artecle es þat Goddes sone tuke flesche and blode of þe blyssed maydene Marie and was borne of hire sothefaste Godd and sothefaste mane. Þe thirde es þat he was dede and grauene, noghte for nede, bot for to by vs of his fre will. The ferthe artecle es þat þe same Ihesu rase fra dede to lyfe and we sall ryse alswa. The fyfte artecle es þat þe same sothefaste God and mane steighe vp in till heuene in manhed and godhede, and we sall steighe vp alswa thurgh his grace. Þe sext artecle es baptyme þat mase mane clene of syne þat he drawes of kynde, and gyffes grace to clense. The seuend artecle es confirmacione, þat con-fermys þe Haly Gaste one man þat es cristenede. Þe aughtened artecle es penance, þat duse awaye all maner of syne dedly and venyall. Þe nynde es þe sacrament of þe auter, þat confermys

What is required for true wisdom.

XII. *Faith, Hope, and Charity.*

XIII. *The twelue Articles of the Creed.*

XIV. *Baptism.*

Confirmation.

Penance.

The Eucharist.

Orders.	þe penance and gyffes hym force þat he fall noghte efte in syne and vphaldes hyme and reconsailles hym. Þe tend artecle es ordyre, þat gyffes powere till þaym þat are ordaynede to do þaire
Matrimony.	offece and to do þe sacrament. Þe elleuend artecle es Matrimone, þat defendis dedly syn in werke of generacyone by-twyx
Extreme Unction.	mane and womane. Þe twelfed artecle es enoyntynge, þat mene enoyntes þe seke in perell of dede for alegeance of body and
XV. The four Cardinal Virtues.	saule. Dere frende aftyre sall þou wyt whilke are þe foure vertus cardynalles, thurgh whilke all manes lyfe es gouernede in þis worlde þat es Cunnynge and Rightwisnes fforce and Mesure. Of thir foure saise þe Haly Gaste in þe buke of Wysdome þat þare es na thynge mare profytabill till man in erthe, and so nowe, whare-fore, wha so walde any thynge wele do, firste hym byhouys he koune chese þe ill fra þe gude, and of twa gude chese
Prudence.	þe bettire and leffe þe lesse gude, and þis es þe vertu þat es callede ryghtwysnes[1]. And for-þi þat twa thynges lettes mane to do wele and lefe þe yll, þat es at say welefare of þis worlde, for it dessayfes hyme with false vanytes, þe toþer es tribulacyone, to putt hym downe with many scharpnes, agaynes welefare sall þou
Temperance.	hafe mesure þat þou be noghte ouer hye. And þis vertu es
Fortitude.	called temperance. And agayne aduersyte sall þou hafe hardynes þat þou be noghte castene downe. And þat vertue es callyde
XVI. The seven works of mercy.	fforce or strenghe. There-eftyre sall þou wyte whylke are þe seucne werkes of mercy. The firste werke of mercy es to gyffe mete to þe hungry. The toþer es to gyffe drynke to þe thrysty. The thirde es to clothe þe nakede. Þe ferthe es to herbere þe herberles. Þe fyfte es to vesete þam þat ere in prisone. The sexte es to comforth þe seke. The seuend to bery þe dede. Thyse are þe seuene werkes of mercy þat are langande to þe
How those that are 'in religion' can perform these.	body. Bot nowe may þou say to me how sulde I þat es in relygyone, and noghte hase to gyffe at ete ne at drynke, ne clathes to þe nakede ne herbery to þe herberles, ffor I am at oþer mens will and noghte at myne awene, for-thi ware it better þat I ware seculere þat I myghte do þise werkes of mercy.

---

[1] The description of the virtue of Prudence is here given to Righteousness or Justice—which is omitted.

A dere frende be noghte begylede. Better it es to hafe pete and compassione in þi herte of hym þat hase mysese and wrechednes, thane þou hade all þis werlde to gyffe for charyte, ffor it es bettir wyth compassione to gyffe þi-selfe als þou erte þan it es to gyffe þat that þou hase. There-fore dere frende gyffe thi-selfe and þan gyffes þou mare þan es in all þis worlde. Bot now may þou say me one þis manere. Sothe it es þat it es better to gyffe hyme-selfe þan it es to gyffe of his, bot better es þe tane and þe toþer þan es ane be it selfe, for lesse es a gud þan twa. It es noghte swa, for whethire es better be callede Godde or his seruande. Thou wate wele þat es better to be callede Godd. Bot þase þat suffirs hunngere, thryste, caulde and defaute, and oþer wrechidnes and mysese, calles oure Lorde Jhesu Criste hym-selfe, ffor he saise þus in þe Gosepelle, 'What als þou dyde to þe leste of myne þou did to me.' Saynt Barnarde says, 'thire pure hase noghte in erthe, ne thire riche hase noghte in heuene, and þare-fore if þe riche will it hafe thaym byhoues bye it at þe pure.' Now wate I wele þou couaytes to wyte whilke are verray pure and whilke noghte. Now herkene with deuocyone. Sume are þat hase reches and lufes thaym, and þare are þe haldande and þe couaytourse of þis worlde. Othere are þat hase þame noghte bot thay luffe thayme, and thay walde hafe thayme gladly, and þase are þe wrechide beggers of þe worlde, and þe false folke in religyone, and þase are als riche and richere þane þe oþer. And of thame Jhesu saise in þe gospelle þat lyghtere it ware a camelle to passe thurgh anedill eghe þan þe riche to come in-to þe blysse of heuene. Sume are þat hase reches bot thay lufe thaym noghte, noghte for-thy þay will wele hafe þame, and þase are þe gud mene of þe worlde þat dispendis wele that at þay hase. Bot fone are of þase, ȝit it are oþer þat hase noghte reches, ne lufes noghte thaym, ne will noghte hafe þame, and þase are þe gude folke þat are in religione, and þase are sothefastly pure, and þairs es þe joye of heuene, ffor þat es the benysone of þe pure. Than it behufes þat þe riche hafe þe reuere of þat benysone, and þare-fore may I say, 'Blyssede be þe pouer for þaires es þe kyngdome and þe joye of

The blessedness of poverty.

Who are the really poor.

Those to whom riches are a blessing.

heuene.' And swa may I say of þe riche ffor þairs es pyne of helle. Alswa pouer þay are þat hase pouerte and lufes na reches, and pouer þay are þat hase reches and lufes pouert.

XVII. The seven prayers of the Pater Noster.

Now aftire þis awe þe to wyte whylke are þe seuene prayers of þe *pater noster*, þat duse away all ill and purchase all gude. And þase seuene prayers er contende in þe *pater noster* þe whilke oure Lorde Ihesu Criste kennde till his discypls how þay pray Godd þe ffadire and said thaym one þis manere, 'When ȝe sall praye one þis wyese sall ȝe say, *Pater noster qui es in celis*, &c. Now my frende wit þou þat oure Lorde Ihesu Cryste kennes vs in þe gospelle to make þis prayere. And þare-fore I walde at þou wyste at þe begynnynge whate es prayere or orysone, and sythyne þat þou vndirstande þe prayere of þe *pater noster*.

What Prayer is.

Prayere or orysone es noghte elles bot ȝernyng of saule with certayne trayste þat it comes þat þou prayes. And in þat trayste vs settis Jhesu Criste whene he kennes vs to call Godde oure fadyre þat es in heuene, ffor in Hym sall man hafe certayne trayste þat He may and will all gudnes gyffe þat oure saule kane ȝerne, and mekill mare, þe whilke es betakynde by þise wordes, *Qui es in celis*, þat es to say þe whilke es in heuene, ffor if

God, our Father.

Godde will call hym selfe oure fadire, þan he makes vs to wiet þat he lufes vs als childyre, and at he will gyfe vs all at we hafe myster of. Bot certanly if all þe lufe þat euer had fadire or modire vn-to þaire childyre, or all othire lufes of þis worlde ware gedirde to gedyre in a lufe, and ȝit þat lufe ware multipliede als mekill als mans herte moghte thynke, ȝit it moghte na thynge atteyne to þe lufe þat Godde oure fadire hase vn-till vs þaire whare we are hys enmys. And þat sall we wele see thurgh þe grace of Godde, if we se one what manere he is oure ffadyr and what he has done for vs. Wit þou þat when God made all creaturs of noghte, we rede noghte þat he made any creature till his lyknes bot man allane, and þare-fore Godd he es, and makere of all thynges of þe worlde, bot he es noghte þaire fadyre; bot vntill vs, thurghe his awene myghte full of mercy, es he Godd and makere and ffadyr, for þat oure saule es lelly lyke vn-till þe lyknes of þe ffadyr, and þe Sone, and þe Haly Gaste, þat ere hallyly

a God and per*s*ons thre. And all þis werlde he hase made to serue man whils mane will duelle in His lele lufe als His awene childyre. Bot als tyte als we twyne fra þat lele lufe for lufe of þis lyfe, or for any oþer thynge, we losse þe lordechipe of þis worlde, and becomes thralles dreryly to þe deuelle, þare we ware before fre, and ayers of þe erytage of þe kyngdome of heuene and to welde þe welthe of þis werlde. Allas may saye Allas! Allas! what here es a sorowfull chaunge wha sa it vndyrstode. Wit þou wele þat here es gret lykynge of lufe, when Godd þat es with-owttyne begynnynge, and es with-owttene chaungeyng, and duellys with-owttyn endynge, for he es al-þir-myghtyeste and althirwysestc, and alswa althire-beste þat manes herte may noghte thynke, in whaym es lufe and joy endles, here I say es takyne of gret lufe þat he deyned hym to make vs till his awene lyknes righte als we had bene his awen chosene childyre, and noghte hafe lefte vs to be a littill vyle matire als we ware made of oure modyr, þat vile es to neuene; or he moghte hafe made vs at his will anykyne oþer best, and þane had we dyede to-gedire bathe body and saule. Bot when he hade made vs man, and gafe vs þe saule to his awene lyknes, louede and luffede be þat Lorde, for to be ayres of þe erytage of heuene and lyfe in þat gret joye with-owttene ende, now es na herte sa herde þat it na moghte nesche and lufe swylke a Godd with all his myghte. And his herte suld melte, filled of joy, if it thoghte sothely of þat grace þat oure Lorde hase done till vs by-fore all oþer creaturs, And ȝitt did he marc thurghe his mekill mercy. ffor when we ware thurghe oure sorowfull syne twynnede fra Godd, oure swetteste ffadire, and become thralles to þe ill gaste, þan he, thurghe his maste mercy, sente his awene Sone, þat with hym es Godd in his Godhede, for to take flesche and blode of þe Virgyn Marie, mayden and modyr, lastand in joy, and one þis manere did he þe dede. In state of thralle tuke he oure flesche to suffre þe gylteste pouerte, and schame, and noyes, and paynes, þat neuer dyd ill ne na maner of syne, and sythene delyuerde Hym till þe vileste dede and þe schamefulleste þat man moghte thynke, to delyuer vs wreches of sorowfull bandis, and of þe pyn and pre-

God's great mercy in our Creation,

And in our Redemption.

sone puttid in hell, and to make vs to come till þe heghe heuene, whare we sall be als kynges corounde in blyse, if we do þe will of þat swet Lorde, þat for vs ordaynede hym to dye one þe crosse als þofe he had bene a wykkid thefe. Dere ffrende nowe hase þou here twa thynge3 in þe whilke Godde hase schewede vs þat he es oure fadire and þat he lufes vs als his awene childyre þare we are agayne hym with oure wykked syne. The ferste es þat he made vs till his awene lyknes, and þe toþer es þat he boghte vs fra presoun with his precyouse dede of his manhede. ffor þe fyrste es man haldene till hym for to lufe hym with all his herte.

<small>What service can we render unto God for His goodness?</small>
Bot þan may þou aske what sall I do hym for þe toþer thynge. ffor if I sall with pouerhede lofe Godd þe ffadyr, and lufe Hym and serue Him with all my saule and with all my herte in all thynges, for-þi þat He made me of noghte and gafe me saule aftir his awene lyknes, als it was comandyd in þe alde lawe be-fore Godde was borne and be-com man for vs, what moghte I now do Hym whene He for me wreched synnere sa mekill Hym lawede þat He walde become mane, and He gafe Hym to me whene He thurghe His swetteste mercy walde dye for me, and of þe maste

<small>We cannot repay Him for His mercy.</small>
noyouse and þe moste vile dede þat euer was thoghte? I wate neuer what I may say here, ffor if I myghte lyffe a hundrethe 3ere, and if I moghte in þat tym ilk a day at a tyme dye als vile ded als he for me dide, 3it ne ware it noghte ynence his gret gyfte3 when he es sothely said Goddes Sone of heuene, and gaffe hym selfe till vs þat tynte was for syne, and put in to þe pyne of helle, and þare in þe dispytte of hym seruede to þe deuelle. How sulde we þane 3elde hym þe gude gret gyfte when he walde sende his awene Sone to be pynede for oure syne? Now I sall lere the, if God gyffe me grace, how oure dere ffadir askes nane oþer

<small>God only requires of us contrition and humility.</small>
store bot that we with herte knawe oure awene febillnes and oure wrechidnes þat we hafe for oure awene syne. Thane sall we be in bitternes of penance, and crye till hym faste mercy, þat he vs saue for his haly name, ffor of oure selfe hafe we noghte hym for to 3elde, þare-fore said the prophete in þe psalme, *Quid retribuam Domino pro omnibus que retribuit mihi, Calicem salutaris accipiam et nomen Domini invocabo*, þat es what sall I

ȝelde to God for all his gud gyftes als Lorde with-owttene my
deserte? The coppe of hele I sall take and calle þe name of my
lorde. The cope of hele whare-of dranke oure Lord Jhesu oure
Saueour, þat es the bytternes of penance in his grete pynes, and
þat man in all his thoghteȝ calles Godes name, þat sothefastly
knawes þat he hase noghte of hym-selfe bot sorowe and synne.
And wit thou þat if sothefastenes be sett faste in thi saule, þe
mare þat þou knawes þe for wrechide and febyll þe mare sall þou
meke þe and calle on hys mercy. And þus it was of oure swete
Lady, maydene and modyr, ffor scho had mare of grace þane any
in this lyfe man or womane þat euer was borne, thare-fore scho
halde hir lesse and lawere þan any oþer wyghte, and mare cryede
scho mercy þan any oþer man, whene sothefaste Goddes Sone
lighte in hir wambe. My dere frende, se now aftir-warde why
oure Lord Ihesu kennes vs in þe Gospelle to say oure ffadire and
noghte my ffadir, ffor by þat will he kenn vs þat we suld gedyre
all men with vs in oure prayers, for all ere oure brethire, crys-
tende and vncristend men, ffor þat all of a gouernaylle hafe we a
ffadyr, and þat þou may þis thynge thurghe þe grace of God
clerelyere see, gyffe gude entente till þat at I say. Hym calles
þou thi fleschely broþer þat hase his body of þe same mane and
womane of whaym þou hase thyne, thane sall þou wele halde
hym þi brother þat hase his saule of þe same fadir of heuene of
whaym þou hase þi saule, and of swylke a kynd, and of swylke a
lyknes, for als wele made Godd ilke mane till lyknes of þe Tri-
nyte als He did þe, and þis broþerhede mare suld we lufe, and
mare dere halde þan þe broþerhede of þe flesche, in als mekill als
þe saule es mare nobyll þan þe flesche, and in als mekill als Godd
oure fadir of heuene es mare nobill and mare for to lufe þan
oure fleschely fadir. And þat suld we do if we saghe als clercly
with oure gastely eghe als we do with oure bodyly eghe. Bot
for-thy þat we see noghte bot with þe fleschêly eghe, als it ware
bestes, we hafe na knawynge ne na lufe bot of þat broþerhede þat
comes of þe flesche stynkande and foule. Allas! Allas! what
sorowfull thynge thus hase blyndid vs! Certis na thynge mare
blyndis manes saule þan lufe of erthely thynge þat sonne takes

Such humility and meekness as was in our Lady.

What is implied by Our Father?

The duty of brotherly love.

ende. ffor-þi behufes mane lefe his propire will if he will perfitly knawe þe lufe-somest brotherhede. Whare-of now mekill I hafe spoken, for whate-sa-euer we hafe in saule of gudnes or of fairenes we hafe of oure fadir of heuene, God, þat es till vs fadir, and euenly till all his creaturs, noghte anely for his makynge of noghte, ne for his gouernyng of his grace, for his purchasynge þat he made of vs þat ware tynt childir with his flesche and his blode þat he for vs gafe, als Saynt Austyn þe noble clerk witnes. He sayse þe ffadir gaffe his Sone thurgh whaym he walde by vs thralles, he gafe þe Haly Gaste thurghe whayme he walde purchase þe thralles in his childire. Þe Sonn he gafe in pryse of raunsone, þe Haly Gaste in preuelege of purchase, and þar-fore þe ffadir kepis hym selfe in erytage till his childir þat he purchase. And þarefore, dere frende, na man sall mystrayste of þe lufe of his swete ffadirhede and of his dere pete, ffor mare es his mercy þan all oure wykkednes, for wha sa calles till hym with all his herte with-owttene faile he will here hyme, for he es full of mercy. And þare-fore, als I before saide, with ȝernynge of saule and certayne trayste calle apone hym trewely with all thi herte. He es þi ffadir pereles þat purchaceces þe pees, and saye traystely till hym, als hymselfe vs lerede, *Pater noster qui es in celis*, þat es to say Oure ffadir that es in heuene, *sanctificetur nomen tuum*, þat es to say halyed be þi name, *adveniat regnum tuum*, it come þi kyngdome, *fiat voluntas tua sicut in celo et in terrâ*, þi will be donne swa in erthe als it es in heuene, *panem nostrum cotidiamum du nobis hodie*, oure ylke day brede þou gyffe vs to day, *et dimitte nobis debita nostra, sicut et nos dimittimus debitoribus nostris*, and forgyffe vs oure dettis als we forgyffe oure dettours, *et ne nos inducas in temptacionem*, and suffire vs noghte be ledde in-to fandynge, *set libera nos a malo*, bot delyuer vs fra all ill thynge. *Amen.* Þat es to say Swa mot it be. Now, my dere frende, þou sall wyt þat þis orysone passes all oþer prayers pryncypally in twa thynges, þat es to say in worthynes and in profyte. In worthynes, for þat God hymselfe mad it, and for-þi do þay gret schame and gret vnreuerence till Ihesu Goddes Sone, þat takes þam till wordis rynnand and curious, and leues þe prayere

---

God the loving Father of all his creatures.

We may therefore trustfully call upon Him.

The Lord's Prayer before all other prayers.

FULLNESS OF THE LORD'S PRAYER.   35

he vs kennede þat wate all þe will of Godd þe ffadir, and þe whilke orysoue comes mare till his plesynge, and whate thynges þe wrechide caytyfe hase myster at pray fore. Alswa, als I hafe sayde, he wate anely all þe ffadir wyll, and he wate all oure nede, and þare-fore a hundrethe thousand er dyssayuede with multyplicacione of wordes and of orysouns, ffor when þay wene þat þay hafe gret deuocyone, þan hafe þai a fulle fleschely likynge, ffor-thy þat ilk a fleschely lykynge delytes þam kyndely in swylke turnede langage; and þare-fore I walde þat þou war warre, ffor I say þe sykerly þat it es a foule lychery for to delyte þe in rymes and slyke gulyardy; ȝit one a-noþer syde, Saynt Austyne, and Saynt Gregore, and oþer halowes þat prayede als was þaire likynge. I blame noghte prayers, bot I blame þase þat lefes þe prayere of Godd þat hymselfe made and lerede vs for to pray, þat es *pater noster*, aud takes þame till þe orysons of a synfull Saynte whare þay fynde it wrettene, ffor oure Lorde Ihesu hym-selfe sayes in the Gospelle, when ȝe will praye, prayes noghte with many wordes, bot praye one þis manere *pater noster* &c. Dere frende, ȝit sall þou wit one anoþer syde þat þe *pater noster* passes all oþer prayers in worthynes, ffor þare-in es contende all thynge what sa we hafe myster of till þis lyfe or till þe toþer; ffor we praye þare-in Godd the ffadyr þat he delyuer vs of all illes, and þat he gyffe vs all gudes, and þat he make vs swylke þat we may neuer do ill, ne þat we may noghte fayle of gude. And now all þe ille þat vs greues, ouþer es it ille þat es done, or it es ille for to come, or elles it es ille þat we suffire nowe. Of þat ille þat es done and passede we pray oure swete Lorde þat he delyuer vs þer-of when we say *remitte nobis debita nostra*. We pray hym delyuer vs of ill þat es for to come when we say *et ne nos inducas in temptacionem*. Of illes þat we suffire nowe we praye hym þat he delyuer vs when we say *set libera nos a malo*. Ȝit, dere frende, on anoþer syde, wit þou þat all maner of gude þat es, ouþer it es erthely gude, or gastely gude, or gude lastande endles; ffor erthely gude we praye when we saye *panem nostrum cotidianum da nobis hodie;* for gastely gude we pray when we say *ffiat voluntas tua sicut in celo et in terrâ;* ffor endles gude we

Those that leave the Lord's Prayer for others are to blame.

The Lord's Prayer contains all things which we need to ask.

How we pray to be delivered from evil.

How we pray for good.

pray when we say *adveniat regnum tuum;* and confermyng of all this we praye when we say *sanctificetur nomen tuum.* Now, my dere frende, þere ere seuene prayers of þe ewangelle þat oure Lorde Ihesu Criste kenned till his dyscypills. And þou sall wit

What is taught by the words 'Our Father which art in heaven.' þat þese foure wordes þat comes be-fore, þat es to wit *pater noster qui es in celis,* leres vs how we sall praye, and what oure selfe sall be in prayere, ffor we sall in ylke ane orysone haue foure thynges, þat es to say perfite lufe till hym till whaym we praye, and certayne trayste to haue þat at we praye fore, and stabill trouth in hym in whaym we trowe, and sothefaste mekenes of þat that of oure selfe na gude we haue. Perfite lufe es vndirstandene in þis worde *pater,* for ylke a creature kyndly lufes his ffadir. Certayne trayste es contende in þis worde *noster,* for if he be ours þan may we sekerly trayst in hym þat he es haldene till vs. Stabill trouthe es taken in þise wordes *Qui es,* for when we say *qui es* þan graunt we wele þat Godd es þat we neuer sawe, and þat es ryghte trouthe, ffor trouthe es na noþer thynge bot trowyng of thyng þat may noghte be sene. Sothefaste mekenes es betakynde in þis worde *In celis,* ffor when we thynke how he es heghe in joy, and how we are here lawe in besynes, than we are mekide. Bot when we hafe festenede þese foure thynges in oure hertes, þan may we hardyly praye and saye

'Hallowed be thy Name.' with all oure affeccyon, *Sanctificetur nomen tuum,* þat es to say haly be thi name; als swa stabill þi name, þat es ffadir, in vs, þat we be one þat manere þi childire þat we do na thyng þat be agaynes þi will, and that euer mare we doo þat at comes to þi plesynge, thurgh grauntynge of þi grace. And for-thi þat we may noghte euer mare do þat perfitely whyls we ere in þis

'Thy kingdom come.' caytifede worlde, þare-fore pray we þus and sayse, *Adveniat regnum tuum,* þat es to say it come till vs þi kyngdom, þat we regne in þe Ihesu in þis lyfe thurgh thi grace, and þou in vs in þe toþer lyfe thurgh joy. And þis ilke we praye for þase þat are in purgatorie, and for-þi þat we neuer mare may hafe parte with joye of heuene if we do noghte thi will in erthe, þare-fore we

'Thy will be done in earth as in heaven.' praye thus, *fiat voluntas tua sicut in celo et in terrâ,* þat es to say thi will be done als in heuen swa in erthe. Alswa say make

vs to do þi wyll, þat es to say þou gyffe vs grace to do all þat
þou comandes, and to lefe all þat þou defendes, and þat swa in
erthe als in heuen, þat es to say als Michaell, *and* Gabrielle, *and*
Raphaelle, cherubyn and seraphyn, and all þe oþer angells and
archangells, and all þase þat are ordaynede to þe endles lyfe in
joy, in ilke a kynde, in ilke ane ordire, and in ilke ane elde, thi
wille duse; and for-thi þat we may noghte do þi will whiles we
lyfe in þis body if þou ne sustayne vs noghte, þare-fore say
we þus, *panem nostrum cotidianum da nobis hodie*, þat es to   'Give us this
say oure ilke day brede þou gyffe vs to day in body and in saule, bread.'
and hele if it be þi will of þe tane and offe þe toþer. And here
es for to wit þat þar es thre maners of brede, þat es bodyly
brede, þat es to say ffode and clethynge, þare es brede gastely,
þat es to say of haly wrytte þe leryng, and þare es þe brede of
eukaryste, þat es þe grace in þe sacrament of þe autere, for to
comforthe þi kynde of þe tane and þe toþer. Bot for-thi þat we
ere worthi na gudnes whills we ere bownden in synn, þare-fore
say we þus, *Dimitte nobis debita nostra sicut et nos dimittimus* 'Forgive us
debitoribus nostris, þis es to say forgyffe vs oure dettis als we our trespasses,
forgyffe oure dettours, þou sall wyt þare oure synns byndis oure trespass
dettours to pynne, þare-fore we pray Ihesu to for-gyff vs synnes, against us.'
þat es to say all þat we hafe synnede in thoghte in worde and in
dede, and þat ryghte als we for-gyffe till þase þat hase mysdone
agaynes vs. And for-þi þat a lyttill vs helpes to hafe forgyfnes of
syne, if we may noghte kepe vs fra syn, þare-fore pray we þus,
et ne nos inducas in temptacionem, and þis es to say lede us   'Lead us not
noȝte in-to na fandynge, als swa say suffere vs noghte be ouer tion.'
comene in fandyngeȝ of þe deuell, ne of þe flesch, ne of þe worlde.
And noghte allanly we pray þat we be delyuered of all euyll
fandyngeȝ, bot alswa we pray þat we be delyuered of all ill
thynge, when we say, *set libera nos a malo*, and þis es to say bot 'But deliver
delyuer vs of all ill thynge, þat es of body and of saule, of syn us from evil.'
and of pyne, ffor syn þat now es or sall be. Say we Amen, þat es
to say swa be it, and for-thi sayse oure Lorde Jhesu Criste in þe
Gospelle, what sa þou prayes my fadir in my name he sall do it,
and þer-fore say at þe ende, *per Dominum nostrum Jesum*

Cristum filium tuum. And now my dere frende vndirstande noghte þat þou sall say þi *pater noster* with mouthe als I hafe it here wretyn be-fore þe. Bot say all anely þe nakede lettir with þi mouthe, and thynke in þi herte of this þat I hafe said here, of ilke a worde by it-selfe, and rekk noghte þof þou ne multiply many *pater nosters*, ffor it es better to say a *pater noster* with gude deuocyon, þan a thousande with-owtten deuocyon; ffor þus sais Saynte Paule appertly, he sayse, me ware leuer say fyue wordes in herte deuotely, þane fyue thousande with my mouthe with-owttene lykyng. And one þe same manere sall þou say and do at thyne offece in þe qweire, for swa sayse þe prophete, *Psallite sapienter*, and þat es to say synges and versy wyesly, þat es to say or to synge wyesly, þat es þat thi herte be one þat at þou saise, and one þat at oþer saise, þat þou here it besyly; ffor if þi body be at thi seruyce, and þi mouthe speke one a wyse, and thi herte thynke of wrechidnes caytefly, þan es þou twynned, ffor when þou swa es twynned þou tynes þe mede of þi seruyce, ffor þe awe to serue Godd with all þi herte, with all thi saule, and with all þi vertu, and swa þou may pay þi Godd. Bot þare es many thynges þat ere cause of swylke wrechede twynnynge, als mete, drynke, reste, claythynge, layke, discorde, thoghte, laboure, hethynge. These makes hirpynge, homerynge of medles momellynge. And þare-fore take kepe what oure Lorde Jhesu Criste saise in þe Gospelle. ffirste he saise sekes þe kyngdome of heuen, and all þat 3e hase myster of sall be gyffene 3owe with owttyne any askynge. Thare-fore, dere ffrende, þou sall wit what þou sall hafe in þe blysse of heuene; wit þou wele þat þou sall hafe seuen gyftes in body and seuen in saule, þat es to say, ffairenes in body with-owtten fylth, lyghtenes with-owttyne slewth, fforce with-owttene ffeblesce, ffrenes with-owttene thralledome, lykynge with-owtten noye, lufelynes with-owtten envye, hele with-owtten sekenes, lange lyfe with-owtten ende. Thou sall hafe in saule wysedome with-owtten ygnorance, ffrenchipe with-owtten hatredyne, accorde with-owtten discorde, myghte with-owtten wayknes, honour with-owtten dishonour, sekirnes with-owttene drede, joy with-owttene sorowe. Bot þe wreches in helle all þe reuerce both in body and

in saule, þat es to say fylth with-owttyne fairenes, slouthe with-owtten lyghtenes, ffeblesce with-owttene force, thraldom with-owttene freenes, angwyse with-owttene lykynge, sekenes with-owttene hele, ded with-outtene ende. Thare sall be in þair saules ignorance with-owttyne wysdome, hatredyne with-owttene lufe, discorde with-owtten accorde, feblesce with-owttene powere, schame with-owttene honour, drede with-owttene sekernes, and sorowe with-owttene joy. And for þis sall þou seke with all þi myghte þat þou may wyne þe joye of heuene, ffor þare es sa gret joye and sa mekill swettnes þat if þou myghte lyffe fra þe begynnynge of þe worlde vntill þe ende, and hafe all þe lykynge þat þou couthe ordeyne, ȝit þou sulde with gret ryghte lefe all þase for to be a day in þe joy of heuene. And thus endes þe toþer degre of contemplacyone, þat es to say þe contemplacione of haly writte, of þe whylke if þou take gud kepe in þi herte it sall be lyghte vnto þe ilke a worde to halde. One ane oþer syde if þou hase mater to speke vnto þe clerkeȝ, be þay neuer sa wyse, or to lewede men be þay neuer so ruyde, of þe clerkes þou mofe som maters of þis, and alswa at þou may lere more. And whene þou spekes till sympill mene and ruyde, gladly þou lere þame with swettnes, ffor þou hafe enoghe whare of þou may speke and how þou sall þi lyfe amende and gouerne, and oþer menes alswa. Þe thirde degre of contemplacyone es in Godd Hym selfe. And þat may be in twa maners, þat es with owttene in his manhede, and in his Godhede so blyschede. For þus saise Saynt Austyne, ffor-þi be-come Godd mane ffor to make mane to be Godd in his kynde, ffor wheþer som be ȝode with-in or with-owttene, cuer mare moghte man fynde pasture, with-owttene thurgh consederacyone of his manhed, with-in thurghe contemplacyone of his Godhede. Of his manhede sall þou thynke thre thyngeȝ, þe meknes of his incarnacyone, þe swetenes of his conuersasione, and þe grete charite of his passione. Bot þis may þou noghte do all att anes, and þare-fore hafe I twynned the thaym by þe seuene houres of þe daye þat þou saise in þe kyrke, swa þat nan houre passe the þat þou ne sall be swetely ocupyed in þi herte. Bot nowe for to do þis, þan sall þou witt þat till ilke ane houre

This is sufficient of the second part of contemplation.

XIX.
The third part of contemplation is of God.

The manhood of Christ.

Some part of it to be thought of at each of the seven hours.

of þe daye es dowbyll medytacyone, ane of his passyone, and anoþer of þe toþer sesone. Now, dere frende, before matyns sall þou thynke of þe swete byrthe of Ihesu Criste al-þer-fyrste, and sythyne eftyrwarde of his passione. Of his byrth sall thou thynke besyly þe tyme and þe stede and þe houre þat oure Lorde Jhesu Criste was borne of his modir Marie. Þe tyme was in myd-wynter, when it was maste calde, þe houre was at myduyghte, þe hardeste houre þat es, þe stede was in mydwarde þe strete, in a house with-owttene walles. In clowtis was he wondene, and as a chylde was he bundene, and in a crybbe by-fore ane oxe and ane asse þat lufely lorde layde was, for þare was na noþer stede voyde. And here sall þou thynke of þe kepynge of Marye, and of hir childe, and of hir spouse Joseph— wat joye Ihesu þam sente. Thou sall thynke also of þe byrdes þat saw þe takyne of his byrthe, and þou sall thynke of þe swete felachippe of angells, and rayse vpe thi herte and synge with þam, *Gloria in excelsis Deo, &c.* Of þe passione sall þou thynke how þat he was at swylke a tyme of þe nyghte betrayed by his descyple, and taken als a traytoure, and bowndene als a thefe, and ledde als a felone. Be-fore pryme þou sall thynke of þe passione of Ihesu and of his joyfull ryssynge. Of his passyone sall þou thynke how þe Jewes ledd hym into þaire counsaile, and bare false wytnes agayne hym, and put appone hym þat he had saide blasefeme, þat es sclandyre in Godd, and þat he had saide þat he suld haue distroyede þe temple of Godd, and make agayne anoþer with-in the thirde day, and þan þay began to dryfe hym till hethynge, and to fulle hym als a fule, and spite one hym in dispyte of his faire face, and sythyne thay hide his eghene and gafe hym bofetes grete, and sythene asked hym whate he was þat hym smate, and sythen þay ledde hym dreryly to þe dede, and ȝitt neuer he sayde till thaym anes why þay swa dyde. Many othyre wykkydnes þay dide hym þat lange ware to telle; ȝitt before pryme sall þou thynke of þe haly rysesynge, þat at þat tyme of þe daye Ihesu joyfully rase fra dede to lyfe, when þat he hade destruyede helle and delyuerde haly sawles out of þe powere of þe deuelle. Ȝitt before vndrone sall þou thynke of

þe passione and of þe witsondaye. Of þe passione sall þou thynke, how þat tyme oure Lorde Jhesu Cryste dispytously was dispuylede, nakkynde and bowndene till a tree in Pylate house, and swa wykkedly scourgede and doungene, þat of his swete body fra þe heued till þe fute noghte was lefte hale; and at þat ilke houre þou sall thynke of þe witsonday, how þe tyme of þe day oure Lorde Jhesu Criste sent þe Haly Gaste till his disciples, in lyknes of fyre, and of tunges, in takynnynge þat þay sulde hafe abowndance in worde and brynnynge in lufe, and þat ryghte es þe purueance of oure Lorde puruayde; ffor in twa maners þe wykked gaste begylede mane in paradyse, þat es to saye with wykked entycement of his tunge, and with þe caldnes of his venyme. Be-fore myddaye sall þou thynke of þe anunciacyone and of Ihesu passione. And of þe anunciacione sall þou thynke of þe grete mercy of oure Lorde Jhesu Criste, whi þat he walde be-come mane, and for vs suffire þe dede in þat swete manhed, sen he moghte hafe boghte vs agayne on oþer manere. And þat dyde he for till drawe till hym oure luffe. ffor if ane hade bene þi maker, and anoþer thi byere, and hade sufferde in thaire bodyes all oure sorowe for to by all oure lufe, than hade noghte oure trouthe bene anely in ane. Off þe passione sall þou thynke at þat houre how oure Lorde Ihesu was done one þe Crosse be-twyx twa thefes, ane one his ryghte syde and anoþer one his lefte syde, and hym-selfe þay hangede be-twyx þam twa alls mayster of thefes; ffor if all þe sekenes of þis werlde and all þe sorowe ware in þe body of a man anely, and þat man myghte consayfe alls mekill noye and angwysce and sorowe in his body als all þe men of þis werlde moghte thynke, ȝitt it ware full littill or ells noghte to regarde of þe sorowe þat he sufferde for vs ane houre of þe daye. Bifore none sall þou thynke of þe passione and of þe gloriouse ascencione. Of þe passione sall þou thynke þat at swylke a tym of þe daye dyede þe makere of lyfe for þi lufe. And here sall þou thynke of þe wordes þat Ihesu spake on þe crosse and of þe foure takyns þat be felle in his dede. The fyrste worde was þis þat he spake, 'Ffadire forgyffe þame þis syne, for þay wate noghte whate þay doo.' The tother worde was þis þat he said to

and giving of the Spirit before Undroun.

XXIII. *The Annunciation and Crucifixion before midday.*

XXIV. *The Death and Ascension before None.*

The words of Jesus on the Cross.

þe thefe, 'ffor sothe I say the, þis day sall þou be with me in paradyse.' The thirde was þat he saide to his modire of Sayne John his cosyne, 'Woman lo þare thi sone.' And to þe discyple saide he, 'Mane lo þare thy modire.' The ferthe worde þat he saide was this, 'Godd my Godd whi hase þou lefte me þus.' The fyfte was, '*Scicio*' þat es to say 'I hafe thriste.' The sexte worde was this, '*In manus tuas Domine,*' whilk es for to saye, 'ffadir in-to þi haundis I gyffe my sawle.' The seuend worde was þis, *Consummatum est,* þat es to say, 'Now es þe prophecye fulfilledc,' and with þat worde he helde his hede downe and gafe þe gaste. Now þe takyns þat ware in his dede ere þire. ffirste all þe erthe bygane to tremble, and þe vaile of þe temple braste in twa and felle doune, þe stanes raue in sundyre, þe graues opyned and þe dede men rase, and þe sonne with drewe his lyghte fra þe werlde fra myddaye to noune. Of þe ascencione sall þou thynke that swylke a tyme of þe daye wente vpe oure lorde Ihesu Criste in till þe mounte of Olyuete, seande his discyples and his swete modire Marie, how he steighe in till heuene, and sett hym one ffadir righte hande, and how his dyscyples turnede agayne into þe cete, and ware in fastynge and in prayere vntill þe comynge of þe Haly Gaste, and þare ware togedire a hundreth and twentty in a house for to abyde þe comynge of þe Haly Gaste als oure Lorde

XXV. The taking down from the Cross and the Lord's Supper before Evensong.

comande þame before. Before euensange sall þou thynke of Ihesu passione and of his supere. Of þe passion sall þou thynke how Joseph of Aramathy purchaste Ihesu body of Pilate, and how þey come to þe crosse þare he hang, and þay brakke the twa thee banes of þe twa thefes. And þare was a knyghte redye with a spere, and perchede þe syde of Ihesu, and smate hym to þe herte, and als sone come rynnande downe þe precyouse blode and watir. And þat was the rawnsone of þe whilke I before spake—louede be that Lorde! And þan Joseph tuke hym downe of þe crosse, for-þi þat na bodye sulde duelle on þe crosse in so hye a daye als was

The Supper of the Lord.

one þe morne. Of þe supere of Ihesu sall þou thynke, how þat tyme he gafe his precyouse flesche and his blude in lyknes of brede and of wyne þat we may see, and it es sothefastly flesche and blude of Ihesu Criste, þat we may noghte see with bodyli eghene. Þe

thirde thynge es gastely, þe grace þat we rescheyue whene we take þat flesche and þat blude. We se þare lyknes of brede and of wyne and it es noghte, bot we trowe þat þare es sothefastly þe flesche and þe blude of Ihesu Criste. And noghte forthi þe lyknes of flesche ne may we noghte see. And þare-fore þare whare we sulde hafe vgglynes als vntill oure body for to ete flesche and drynke blude of man, oure Lorde Ihesu Criste turnede his flesche and his blude in lyknes of brede and of wyne, for to comforthe oure bodyly witte thurghe swylke fude als we ere wounte for to see, and alswa for to helpe oure trouthe thurghe þat þat we see a thynge and trowes anoþer. And þare- fore, dere frende, when þou sall gaa for to reschaife þat swete flesche and þat blude of Ihesu thi saueour, luke at þou haue verray contricyone, and repentance, and clensynge of thi syne in thi herte, ffor þare þou resayfes in sacrament reghte als þou ressayfede hym in flesche and blude—blescede be þat grace! Before complyn sall þou thynke how þat Joseph and Nicodemus wande Ihesu body in faire schetis, and enoynte it with precyouse oynementes, and laide it in a monumente of stane, and sett þaire seles apon þe stane and knyghtes þat sulde ik it kepe. The toþer thynge þat þou sall thynke in þe same tyme es þis, how Ihesu in þe daye of supere, when he had souppede, he ȝode in till a gardyn with his discyples, and felle downe in orysoune, and bygann for to swete one swilke manere þat þe droppis of blode droppede of his blyssede face vn-till þe erthe. Now hase þou matire and manere for to thynke of Goddis manhede. And eftirwarde sall þou wit how þou sall thynke on hym in his heghe Godhede. To þat sall þou wit þat Godd temperd swa his knawynge fra þe begynnynge of mankynde, þat he walde noghte all hally schewe hym to man, ne all hally hele hyme fra man, ffor if he hade all hally schewede hym to man þan hadd trouthe noghte bene worthe and mysbileue had noghte bene þan ouer- comene, ffor trouthe es of thynge þat may noghte be sene, þan þat at I see es noghte trouthe; and if he had all hallily helede fra man þan had trouthe noghte bene helpede and mysbileue hade bene excusede, and for-þi þan walde he in party schewe

The disposi- tion required in us.

XXVI. Before Com- pline the Agony and the Burial.

XXVII. The contem- plation of the Godhead.

hym, and in party hele hym. Bot now may þou aske me in how many maners he walde schewe hyme. I say in twa maners, ane with-in, anoþer with-owttene. With-in he schewede hym thurghe reuelacyone and thurghe resonne. With-owttene, thurgh halve writte and thurgh creaturs. Thurgh reuelacyon, when he schewede hym till any folke thurgh inspiracione and thurgh myracles. By resonne, comes he till þe knawynge of man one þis manere. Ilke a man may wele see in hym-selfe þat at he es, and þat at he hase bene, bot he may wele wit þat he hase noghte bene ay, and for þat he wate wele þat sum tym he began for to be, þan was þaire sum tym when he was noghte. Bot when he was noghte þan moghte he one na wyese make hym-selfe, and þis seghes man in his creature, ffor he sees ilke a day sum ga and sum com; ffor-þi, sen ilke thynges erre, and þay erre noghte of thaym selfe, þare-fore it behoues nede þat þare be ane to gyffe all thynges to be, þat es to saye of whaym alle thynges are, þare-fore it behoues of force þat he thurghe whaym alle thynges erre be with-owttene begynnynge. ffor if he hade begynnyng, than it behoufede þat he had begynnyng of sum oþer, þan had he noghte bene þe first autour and þe fyrste be-gynnyng of all thyngeȝ. Bot þare was nathynge before hym, þan he come of na noþer, þan hade he neuer na begynnynge. And þare-fore it behoufes one all maner of þe werlde þat þare be a thynge þat neuer hade begynnynge, and whene resone of man sese of force þat it may na noþer wysse be, þan he begynnys for to trowe stabilly þat a thynge þat was with-owttene begynnynge, þat es awtoure, and makere, and gouernere of all thynges þat ere. And hym calles men Godd by this skill, for this worde *Deus*, þat es to say Godd, comes of a worde of grewe þat es called *theos*, and þat es als mekill for to say all anely Godd. And þat betakyns þis worde Godd. And, dere frend, þou awe to wit þat þare ne es bot a Godd, and þou awe to wit þat na gude may faile to Godd. Bot for-þi þat swete thynge and gud thynge es comforthe of felaschepe, þan may noghte Godd be with-owttene gudnes of felaschipp. Thane behouede it nede þat þare ware many persons in Godd, þe hegheste gudnes. And for-þi þat

XXVIII.

felyschepe may noghte be be-twyx faere þan twa, þare-fore be-houes it be þat in Godd be at þe leste twa persons, and for-þi þat felyschipe es littill worthe whare þare es nane allyance ne lufe, ffor-þi it behoues þat þe thirde person ware in Godd þat ware the allyance and þe lufe be-twyx the twa. And for-þi þat anehede es gude and manyhede alswa, þare-fore it behouede nede þat anehede and manyhede bathe ware in Godd. And by þis skill comes man to þe knawynge of Godd, þat he es a Godd in hymself and thre in personnes. And þis ilke may man see in hym-selfe, ffor he sese at þe begynnynge þat he hase in hym-selfe powere, and sythene eftir powere he hase wysdom. And sythen begane he for to lufe þat wysedom, and þan begynnes he for to knawe apertely þat þare es in þe saule myghte, and of þat myghte comes wysdom, and of thaym bathe comes lufe, and when one seses þat it es one swylke manere in hym, of þat awe hyme to wit þat one swylke maner awe it to be in Godd þat es abouene hym, þat es to say þat in Godd es myghte, and of þat comes his wysedome, and of powere and wysedom bathe comes lufe. And for-þi þat of þe fyrste persone comes þe toþer, and owte of thaym bathe comes þe thyrde, ffor-thi calles he þe firste persone Godd þe ffadire, þe toþer Godd þe sone, þe thirde Godd þe Haly Gaste. And for þat it wounte to be thus in manges mene, þat þe ffadir was mare ffebill þan þe sone for his elde, and þe sone mare vnwyse þan þe ffadire for his ȝouthe—and for þat a man sulde noghte wene þat it ware swa of Godd, therefore es powere appropirde to Godd þe ffadir, wysdom to Godd þe sone. And for-þi þat þis worde Gaste sowunes sumwhate into fellenes, ffor-þi es swetnes, lufe, and gudenes appropirde to þe Haly Gaste. Oppone þis maner comes man firste to þe knaweynge of his Godd, how he es with-owttene begynnynge, and whi he es called Godd, ane in substance and thre in persones, and whi þe firste persone es callede Godd þe ffadir, þe toþer, Godd þe sone, þe thyrde, Godd þe Haly Gaste; and whi powere es appropirde to Godd þe ffadir, and wysdom to Godd þe sone, and gudnes to Godd þe Haly Gaste. In swylke maner sall þou knawe þi Godd. The fyrste degre of contemplacione es þat þe saule be

The three Persons of the Trinity.

Power the attribute of the Father, Wisdom of the Son, Love of the Holy Spirit.

XXIX.
Three degrees

ledde agayne to þe selfe and gedire it all with-in þe selfe. The toþer degre es þat man see whate he es swa gedyrde to-gedire. The thirde degre es þat he lefte hym selfe abouen hym-selfe and payne hym for to luke one his Godd in his awen kynde. Bot till selfe may he neuer mare come, vntill he hafe lerede to resayfe ilke a bodily ymagynacyone erthely and gastely, þat comes to his awen herte, owþer of herynge, or of tastynge, or of sweloynge or of any oþer bodily wite, to refuse it and to defule it, þat it may see the selfe swylke as it es with-owtten þe bodye. Thare-fore, dere ffrende, take gud hede how þe saule es wondirfull in þe selfe, and howe it es ane in þe kynde, and noghte forthi ʒit it duse dyuerse thynges; ffor þe selfe it sese þat at þou sese with thyn eghne, heres with thyne eres, swelawes with thi mouthe, smelles with þi nese, and al swa þat at þou touches with all þi membris. Thynke ʒit eftyrwarde, howe þi saule es grete, þat all anely with a thoghte it may comprehende heuen and erthe and all þat in thayme are, if þay ware a hundreth falde grettere þan þay are or may be. When manes lyfe es grete and swa nobill þat na creature may vndirstande it perfitly, thane grete and mekill es he þat swa nobill thynge made of noghte. He es abouen all thynge, and with-in all thynge, and with-owttene all thynge, and be-nethe all thynge. He is abouen all thynge, all thynge gouernande, be-nethe all thynge, berande all thynge, with-in all thynge, fulfillande all, with-owtten all thynge, abowte gangande all. Swylke manere of contemplacione engendyrs in mane ffaste trouthe and sekire deuocyone. Eftir þis sall þou thynke howe þat he es large, and þat may þou see one many maners. See at þe begynnynge howe þat he es large of erthely gude, how he gyfes his gudes als wele to þe ille als to þe gude in alle thynges þat þou sese in erthe. Sythene eftirward see howe þat he es large for to fforgyffe, ffor if a mane hym ane hade done als mekill ille als all þe men of þis werlde moghte doo, ʒitt sulde he be mare redy be þe hundrethe parte for to forgyffe hym þan þat caytife sulde bee for to aske of hym forgyfenes. Nowe my dere ffrende, if þou lyfe eftir þis kennynge þan sall þou lyfe honourably, and þat es þe fyrste parte of oure sermone þat I

XXX.

touchede at þe begynnynge, and eftir þat sall þou studye to lyffe *which was the first part of the Sermon.* lufely als to thyne euencrysten, and vntill þat sall þou sette all hally þi myghte to lufe and for to be lufede. Thou sall lufe all *Next you must study to live in love.* mene in Godd, þat es at say, anely in gudnes, and noghte for þaire fairenes of bodye for to lufe, ne for force, ne for na noþer bodily vertu, ffor þay þat lufes in swylke manere þay lufe noghte for Goddes sake, and for to lufe mane in Godd es na noþer thynge bot for to lufe hym for any thynge þat may noghte be lufede with-owttene Godd, als for gudnes or for rightewysnes, or for sothefastenes. If we do gude þane hafe we na frende bot gude, ne nane enemy bot ill, and þar-fore þase þat er gude sall we lufe for-thi þat þay er gude, and þe ille sall we lufe for-þi þat þay may be gude. In þis manere lufe þou na thynge bot gudnes, sen þat þou lufes all thynges for gudnes, and if þou will be lufede schewe thi selfe lufely. Ife þou will be lufely resayfe these thre wordes with-owttene forgetynge. Do þat at man *The way to shew true love.* biddis þe or praies þe þat gude es, take þat at man gyffes þe and gruche noghte, and þat at men will say þe, suffire it mekely and wrethe the noghte. If þou lyfe þus lelely þan lyfes thou lufely. Dere syster and frende, siþen eftirwarde sall þou studye *The way to live meekly.* for to lyffe mekely, and to þis sall þou cwne wit þat þare are twa *Two ways of obtaining meekness;* maners of mekenes. The tane comes of sothefastenes, and þe toþer comes of charite. By þe firste may þou hafe knawynge of *First, from knowing ourselves;* thi selfe, ffor thou may noghte in na manere of þis worlde see þi selfe whate þou arte in sothefastenes, if þou be noghte mekyde. The toþer manere of meknes may þou hafe if thou thynke of þe *Second, from the example of Christ.* meknes of Ihesu Criste, how þat he mekid hym þat neuer dyde syn, and swylke mekenes comes clenely of charyte. Now my *These three things, To live honourably, lovingly, and meekly, make up the perfect life.* dere syster and ffrende, wate þou whate it es to lyffe honourabily, lufely, and mekely, and þat es to lyffe perfitly. Now oure swete Lorde Ihesu Criste gyffe vs grace swa Godd for to honour, and oure euencristen for to lufe, and oure selfe for to meke, þat we may for oure honourynge be honourede, and for oure lufe be lufede, and for oure mekenes be lyftede vp in-to þe heghe blysse of heuen, þat he boghte vs to Ihesu with his swete blude and his preciouse passione. Amen.

THE ABBEY OF THE HOLY GHOST.

III.

Religio Sancti Spirituc.   Religio Munda.

Off the abbaye of saynte Spirite that es in a place that es callede conscyence.

Because many are hindered from actually taking religious vows, he will make a book of the religion of the heart.

A dere brethir and systirs, I see þat many walde be in religyone bot þay may noghte, owthir for pouerte, or for drede of thaire kyne, or for band of maryage, and for-thi I make here a buke of þe religeon of þe herte, þat es of þe abbaye of the Holy Goste, that all tho þat ne may noghte be bodyly in religyone, þat þay may be gostely. A Ihesu mercy! whare may þis abbaye beste

The Abbey of the Holy Ghost founded in a place called Conscience.

be funded and þis religione? Now certis nowhare so well als in a place þat es called conscyence, and who so will be besy to funde þis holy religione, and þat may ilke gud crystyne mane and woman do þat will be besy þer-abowte. And at þe begynnynge it es by-houely þat þe place of thi conscience be clensed clene of

The maidens that cleanse the place, Righteousness and Purity.

syne, to þe whilke clensynge the Holy Goste sall sende two maydyns þat ere couande, the one es callede Rightwysnes, and þe toþer es called Luffe of Clennes. Thiese two sall cast fro þe conscience and fro þe herte all maner of fylthe of foule thoghtes and desyrs. Whene þe place of þe conscience es wele clensed, than sall þe grownde be mad lange and depe, and thies two maydenes

Meekness and Poverty prepare the ground.

sall be made, þe one es callede Mekenes, þat sall make þe grownde depe thorowe lowlynes of hir selfe, the toþer es callede Pouerte, þat makis it large *and* wyde abowne, þat castis ouer ilke a halfe þe erthe owte, þat es to say all erthely lustes *and* worldely thoghtes ferre fro þe herte, þat if þay hase erthely gudis wit*h* luffe þay for-gete þayme for þe tyme, *and* castis no lufe to þame nor hase noghte, ne settis noghte for þat tyme þaire hertes no thynge one þame. And thies ere callede pure in spyrite, of whame God spekes in þe Gospelle *and* sayse þat thaires es þe kyngdome of heuene be thies wordes *Beati pauperes spiritu quoniam ipsorum*

est regnum cœlorum. Blyssed es þane þat religyone þat es fundide in pouerte and in meknes. This es agaynes many religyons þat are couetous and prowde. This abbaye also sall be sett on a gud reuer and þat sall be þe reuer of teres. For swylke abbayes þat ere sett one swylke gude ryuers þay are wele at ese and þe more dylecyous duellyng es þer. One swylke a reuer was Mary Mawdelayne fowndide, ffor-thy grace and rechesse come all to hir will, and for-thi sayde Dauid thus, *ffluminis impetus lætificat ciuitatem,* þat es to saye the gude reuer mase þe cete lykande, for it es clene sekyr *and* ryche of all gude marchandyse. And so þe reuer of teris clenses Goddes cete, þat es mannes saule, þat es Goddes cite. And also þe holy man sayse of fylthe of synne þat it brynges owte þe reches of vertus and of alle gude thewes. And when þis grownde es made þan sall come a dameselle, Bowsomnes, on þe tone halfe, and dameselle Miserecorde on þe toþer halfe, for to rayse þe walles one heghte, and to make þam stalworthe, with a fre hert largely gyfande to þe pure, *and* to þame þat myster hase; ffor whene we do any gud werkes of charite thorow þe grace of Gode, also ofte sythis als we þam do in þe lufe and louynge of God, and in gud entent, als many gud stonys we laye one owre howssynge in þe blysse of heuene, festenande togedir with þe lufe of Gode and oure euene crystene. We rede þat Salomone made his howssynge of gret precyouse stones. Thiese precyous stones are almos dedes and werkes of mercy, and holy werkes þat sall be bowndene togedir with qwyke lyme of lufe *and* stedfaste byleue, and for-þi sayse Dauid, *Omnia opera erant in fide,* þat es to saye alle his werkes be done in stedfaste byleue; and als a walle maye not laste withowttene syment, or more, also no werkes þat we wyrke are noghte worthe to God, nor spedfull till oure saules, bot þay be done in the lufe of God and in trewe by-leue, ffor alle þat þe synfull dose alle es loste. Sythene damesellc Sufferance and damesell Forte sall rayse þe pelars, *and* vndirsett þame so strangly þat no wynde of wordes, angre of stryffe, fleschely nor gastely, sowre ne swete, caste þame downe. A dere brethir and systers, ȝitt by-houys þe cloystyre be made one foure corners, and

The Abbey built on a good river, The River of Tears.

The walls raised by Obedience and Mercy.

The Love of God and right Faith are the cement.

Patience and Strength shall raise the pillars.

THE OFFICERS OF THE ABBEY.

There must be a Cloister to keep from evil.

it es callede cloyster for it closys and steskys, and warely sall be lokkede. My dere breþir and systyrs, wylke of ȝow as will halde this gastely religyone, *and* be in ryste of sawle *and* in swetnes of hert, halde þe with-in þe cloyster, and so sparre þou þe gates, and so warely kepe þou þe wardes of þi cloyster, þat no noþer fandynges nor euylle styrrynges hafe in-gate in the, *and* make þat thy sylence, and for to [ ] the, or styrre the to synne[1], steke thyne eghne fro fowle syghtes, thyne heres fro foule herynges, thy mouthe fro foule speche, and thyne herte fra foule thoghtes.

Shrift shall make the Chapter-house; Preaching the Fratour; Prayer the Chapel; Contemplation the Dormitory.

Scrifte sall [make] thi chapitir, Predicacione sall make thi fratour, Oracione sall make thi chapelle, Contemplacione sall make thi dortour, þat sall be raysede one heghte with heghe ȝernynge, and with lufe qwykkynynge to Gode, and þat sall be owte of worldly noyse and of worldly angyrse, and besynes, als fere furthe als þou may for þe tyme thorow grace for þe tyme of prayere. Contemplacione es a deuote rysynge of herte with byrnynge lufe to God to do wele, and in his delites joyes his saule, and somdele ressayues of that swetnes þat Goddis chosene childir sall hafe in heuene.

Sadness the Infirmary; Devotion the Cellar; Meditation the Store-house.

Rewfulnes sall make the fermorye, Deuocione sall make þe celere, Meditacion sall make the gernere; and when all þe howses bene made þan behoues þe Holy Gaste ordeyne þe couent of

The Holy Ghost the Warden and Visitor.

grace *and* of vertu, and þan sall þe Holy Gaste þat þis religyone es of, bee wardene and visiture, the whilke God þe Fadir funded thorow his powere, ffor þus saise Dauide, *ffundauit eam altissimus*, and this es to saye the heghe Gode þe Fadyr ffundide this relegyone. The Sone thurgh his wysedome þan ordayned it, als Sayne Paule witnes it, *Que adeo ordinata sunt*, þat es at saye alle þat es of God the Sone it rewlis *and* ordaynes. The Holy Goste ȝernys it and vesettes it, and þat saye we in holy kyrke whene we saye þis, *Veni Creator Spiritus*, with *Qui paraclitus diceris*, þat es for to saye, come þou God þe Haly Gaste, and thyne þou vesete and

Charity the Lady Abbess.

fulfill þame with grace. And than the gude lady Charite, als scho þat es most worthy by-fore alle oþer, sall be abbas of this sely abbaye. And also als þay þat are in relegyone sall do no thynge,

---

[1] There is some confusion in this sentence from the omission of one or more words.

ne saye thynge, ne gange into no stede, ne take no gyfte, with
owttene leue of þe abbasse. Also gastely sall none of swylke
thyngys be done with-owtten leue of charite, ffor thus commandes
Sayne Paule, *Omnia vestra in caritate fiant,* þat es what so ȝe do
or saye or thynke with herte, alle ȝe mon do in charite. A dere
breþir and systirs, whate here es harde comandement, bot it es
noghte full ill to oure sawles þat oure thoghtes *and* oure wordes
and oure werkes be onely done for lufe. Wayleawaye! if I
durste saye! for many are in religione, bot to fewe relegious þat
þay ne done þe comandement of saynte Paule, or þe concelle of þe
gud lady Charite þat es abbesse of this cely relegyone. And for-
thi þay lose mekill tyme, and losses þaire mede, and ekes thaire
payne gretly, bot if þay amende þam. Whare-fore leue breþir
and systirs, bese euer more wakire and warre, and in all ȝoure
werkes thynke depely þat whate so ȝee doo be it done in þe lufe
of Gode, and for þe lufe of þe lady Wysdome þat sall be prioresse, *Wisdom the Prioress.*
for scho es worthi, *nam prior omnibus creaturis est sapientia,*
þat es al-þir-firste es Wysedome made, and thurgh þe lare of hir,
and þe concelle of þis prioresse sall we do alle þat we do ; and this
sayse Dauid, *Omnia in sapientia fecisti,* þat es at saye, alle þat
þou hase made þou hase made wysely. The gud lady Meknes *Meekness the Sub-Prioress.*
þat aye elyke makis hir selfe lowly and vndir alle oþer, sall be
supprioresse, hir sall ȝe honoure and wirchipe with bouxomnes.
A Jhesu! blyssede þat abbaye, and cely es þat religyone, þat hase
so haly ane abbas as Charyte, a prioresse as Wysedome, a sup-
prioresse as Mekenes. A dere breþir and systirs, blyssede and
cely are þay, þat es to say those saules are cely, þat haldis þe
comandment of þe abbas lady Charite, and þe techynge of þe
priores lady Wysdome, and the concele of þe supprioresse lady
Mekenes, ffor who-so is bouxome to thir thre ladyse, and þaire
lyffe rewlis aftir þaire techynge, the ffadir, the Sone, the Holy
Goste, þam sall comfurthe with many gostely joyes, and þam
helpe and socoure in alle fandinges, in angirs þat þay ne be
noghte ouercomene ; þam thare drede no wrenkis ne no wylis of
the fende, for why God es with þame, and standis aye by þame als
a trewe kepere *and* a strange ane. For-þi says Dauid thus,

Dominus protector vite mee, a quo trepidabo? als if he sayd God es my champyone staleworthe and trewe, þat for me þat es so wayke and so vnmyghtfull agaynes myne enemyse hase vndirtane for to fyghte, whame thare me þane drede, now trewly righte none? We rede in a buke of Danyele þat a myghtfull was þat mene callede Nabogodhonosore, þat sett in Rome thre mene þat solde do *and* ordayne and stabyll, als baylyes, alle þe rewme, so þat þe kynge herde no noyse, ne no playnte, bot þat he myghte be in pese, *and* in joye, *and* in ryste in his rewme. And righte so þe rewme of þe sawle þat thiese thre baylyes are ine, and þe religione þat thies thre prelates are ine, þat es Charite, Wysedome and Mekenes, thare es pese, ryste, and lykynge in saule

<small>Discretion the Treasurer.</small>

and comforthe in lyfe. Damselle Discrecyone þat es witty and be full ware sall be tresorere; scho sall hafe in hir kepynge alle,

<small>Oryson the Chauntress.</small>

and ȝernely luke þat all go wele. Orysone salle chaunteresse, þat with hertly prayers sall trauele daye *and* nyghte, and what Orysone es the haly mane sayse, *Oracio est Deo sacrificium, angelis solacium, diabolis tormentum,* þat es to say, Orysone es a louely sacrafice to God, solase and lykynge to angells, and turment to þe fende. It witnes in the lyfe of Saynte Barthilmewe þat it es turment to þe fende, for þe fende cryede to hym and sayde *Bartholomee incendunt me oraciones tue,* þat es to saye, Bertilmew thi prayers byrnys me. And þat es lykynge to angells Saynte Bartilmew wytnes it, and sayse, whene we praye with deuocyone of hert, the angels standis byfore daunsesande *and* prayeande, and beris oure prayers vp, and a present of þame to þe ffadir of heuene. Þe whilke prayers oure Lorde commandes to wryte in þe buke of lyfe, þat es sacrafyce to God this are of þame þat hym moste payes, and for-thi he askes vs it per he sayse thus, *Sacrificium laudis honorificabis me,* þat es to saye

<small>Jubilation the helper of the Chauntress.</small>

'ȝe salle wyrchipe with sacrifice of louynge.' Jubilacio hir felowe sall helpe, and, what Jubilacione es, a seynt it telles, and sayse þat Jubylacione es a grete joye þat es consayuede in teris, thorow brynnande luffe of spirite, þat may noghte be in alle schewede no in alle hyde, als it fallis somtyme of tho þat God hertly lufes þere eftir þat þay hafe bene in prayere and in ory-

soue, þay ere so lyghte *and* so lykande in God þat whare so
þay go þer hertes synges murnynge songes of lufe longynge to
þaire lefe, þat þay ȝerne wi*th* armys of lufe semlyly to falde, and
wi*th* gastely mouy*n*ge of his gudnes swetly to kysse, and ȝit
umwhile so depely, þ*at* wordis þam wanttis for luf, longynge so
ferforthe rauesches thorow hertis þ*at* somtyme þay ne wote
noghte whate þay do. Deuocione es celeresse þat kepis þe Devotion the Cellaress.
wynes, bothe þe white and þe rede, wi*th* depe vmbythynkynge
of þe gudnes of God, *and* of þe paynnes *and* of þe anguyse þat
he tholede, and of the joyes *and* þe delytes of paradyse þat he
hase ordayned to his chosen*e*. Penance sall be kychynnere, þat Penance the Cook.
wi*th* grete besynes trayuells daye *and* nyghte for to plese alle,
and ofte swetis wi*th* bitter teris for angyre of hir synnes. Scho
makes gud metis, þat es many bitte*r* sorowes alle for hir gylteȝ,
and theys metis fede þe saule, bot scho sparis hir-selfe thorow
abstynence, and etys bot littill, ffor do scho neue*r* so mekill ne so
many fold of gud werkes, ays semys scho hirself vnworthy and
synfull. Atempe*r*ance seruede in the fratou*r* þat scho to ylkone Temperance the Waiter.
so lukes þat mesure be oue*r* alle, þat none oue*r* mekill nere oue*r*
lyttill ete ne drynke. Sobirnes redis at þe borde the lyues of Soberness the Reader.
the haly ffadirs, and rehirces whate lyfe þat þay lede for to take
gud ensampille to do all þay dyd, and þere thorowe slyke mede
to wyn*e* als þay now hafe. Pete es sponsere þat dose seruesse to Pity the Answerer.
gud all þ*at* scho may*e*. And Mercy hir syste*r* salle be amby- Mercy the Almoner.
nowre þat gyffes to alle and noghte kane kepe to hir-selfe. The Dread the Porteress.
lady Drede es portere, þat kepis besyly þe cloyste*r* of þe herte,
and of þe co*n*science, þ*at* chases owte alle vnthewes, and calles in
alle gud vertus *and* so speres þe ȝatis of þe cloyste*r* *and* þe wyn-
dows, þat none evylle hafe none ingate to þe herte, thorowe þe
ȝatis of þe mouthe, ne thorowe þe wyndows of þe eghne, nere of
þe eris. Honeste es maytresse of þe nouyce and teches þam alle Honesty the Mistress of the Novices.
curtasye, how þay sall speke and gange and sytt and stande, and
how þay sall bere þam*e* wi*th*-owttene and wi*th*-ine; howe to God,
how to man*e*, so þat alle þat þam*e* sese of þam may take ensampill
of alle gudnes, and alle gude thewes. Dameselle Curtasye sall Courtesy and Simplicity the receivers of the guests.
be hostelere, *and* þat þay comande *and* byddes þat scho sall þam

resafe hendely, so þat ylke one may speke of hir; and for-thi þat nowþer sall be by þame one emange the gestes, ffor it myghte falle þat dameselle Curtasye solde be oure balde a ouer hardy, for-thy sall scho hafe a felawe damselle Symplese, for þay two alyede to-gedir thorowe felawchipe are sekyre and semande, for þe tone with-owttene þe toþer vmwhile es littill worthe, for ouer grete symplesse may make of þe symple a sott, or ouer nyce, and ouer grete curtasye may be somewhile oþer to lyghte chere or to glade, or ouer balde for to paye þe gestes; bot fayre and wele, and with-owttene fandynge of blame may þay do þaire offece

Reason the Purveyor. bothe to-gedir. Damselle Resone sall be puruerere, ffor scho sall ordayne with-in and with owttyne so skilfully, þat þere ne

Service shall attend to the hospital and nurse the sick. be no defaute. Damselle Lowte sall be fermoresse þat sall trauelle abowte and besely serue þe seke, and for-þi sen þat in þe fermory of this religyone are moo seke þane hole, mo febyll þane wighte, and es ouer grete trauelle to serue þam alle hyrone,

Largess shall help her. ffor-thi sall scho hafe a felawe, dameselle Largesse, þat sall see full wele to ylkone after þat þam nedis. Dameselle Couande

Meditation the store-keeper. and Wysse, þat es callede Meditacyone, or Poleschefy, es garnere, scho sall gedyre and sembyll gude whete and oþer gud cornes to-gedir and þat fully, with grete plente, thorowe the whilke alle þe gud ladyse of þe howse may hafe þaire sustenance. Meditacione es in gud thoghtes of God, and of his werkes, and of his wordes, and of his creaturs, and of his paynens þat he tholede, and of his grete lufe þat he had and hase to þame for whaym he tholede. This garnere had þe gud kyng Dauid, ffor-þi was he ay riche and in plente, and for-þi he sayse in þe psaltyre, *In omnibus operibus tuis meditabar die ac nocte,* þat es to saye Lorde in thi lawe I thynke nyghte and daye. This es begynnyng of all perfeccione. Than whene mane settis and stabylls his herte in depe thynkynge on God and of his werkes, ffor ofte es better a gud thoghte in haly meditacyone þan many wordes sayd in prayere, ffor þe holy thoghtes in meditacione cryes in Goddes eris, and þer-fore sayd Dauid thus, *Qui tacui dum clamarem totâ die,* as if he sayd, Lorde! lo here the whills myne herte was in depe thoghtes, and of thi werkes it cryed one the in

holy medytacyons, and was stylle as beynge dome. And þer sayse þe glose, the grete cryes þat we crye to God þan are oure grete desyres and oure grete ȝernynges. And this sayse Saynte Denyse, þat sayse, When þe herte es lyfte and raueschede to þe lufe of God with gelouse ȝernynges, he ne may sownde with worde þat þe herte thynkis. This holy Meditacione þat es þe gernare þat kepis ȝerely þe whete þat es rede with-owte and white with-ine, þat hase þe syde clouene, of þe whilke men mase gud brede, þat es called Ihesu Criste, þat with-owttene was rede of his awene blode, and whitte with-in thorowe his awene mekenes and clennes of lyfe, and hade his syde clouene with a spere. This es þe brede þat we ressayue and etis in þe sacrament of þe altyr. And wele þou weite þat the gerner sall be abowne þe sclare, also sall be meditacione before deuocione, and for-thi Meditacione sall be gernare, Deuocione celerrere, and Pete penetancere[1]. Of thiese thre sayse þe profete Dauide *A fructu frumenti vini et olei sui multiplicati sunt*, þat es at saye of the fruyte of þe whete and wyne and oyle þay ere fulfillede. In þe alde lawe in many stedis Gode takis to his chosene thiese thre. Serue me, he sayse, wele *and* I sall gyffe ȝowe plente of whete and wyne *and* oyle. Plente of whete es hertly to thynke one þe croyce, and cuer haffe þe passyone of Ihesu Crist hertly in mynde. This es Meditacione. Plente of wyne, þat es þe welle of teres, wele for to wepe, this es Deuocione. Plente of oyle, þat es for to hafe delyte and sauoyre in God, and this es comforthe, for þe oyle gyffes odoure to metis, and lyghtes in þe kyrke, and byrnys in þe lampe. Also whene Goddis seruandes hase depely thoghte with schire herte on Gode, *and* on his werkes, with lufe longynge to þame, þane hase God pete of þame, and sendis þam petance of comforthe and of gastely joye, and this gyffes hym at þe begynnyng meditacione, and þis es þe whete þat God hyghttes vs, and deuocyone þat men consayues in medytacyone. Than sendis God sone after þe wyne, þat es plente of teris, and after, þe wyne of swete teris; than sendys he þe oyle of consolacione, and gyffes

Devotion the Cellarer.
Pity the Pittancer.

The wheat, wine, and oil of the Abbey.

[1] Sic in MS.; but ?*pittancere*, i. e. the officer who served out the rations. The Prioress had charge of the discipline.

þame sauour, and lyghtnes his knaweliggynge, and schewes to
þam of his heuenly priuatyse, þat es hide fro þame þat folowes
fleschely desyris, and gyffes þame selfe alle to þe wysedome of þe
worlde and his fantasyse, and so enflawmes þam with þe blysse of
his lufe þat þay taste somedelle and fele how swete he es, how
gud he es, how luffande he es—bot noghte alle fully. I wote wele
þat none may fele it fully bot if his herte sulde bryste for
lykynge of joye. Sayne Austyne telles of a preste þat whene he
herde any thynge of God þat lykynge ware in, he wold be so
raueschede in joye þat he wolde fall downe and lygge als he ware
dede. And also in þat tyme if men layde brynnande fyre to his
flesche nakide, he felid it no more þan dose a dede corse. Sayne
Bernarde spekes of þe wordis of Job þer he sayse *Abscondit
lucem in manibus*, þat es at say God hase lyghte hyde in his
handis. Þou wete wele he þat hase a candill lyghte by-twene
his handis he may hyde it and schewe it at his owenne will.
So dose oure Lorde to his chosene. Whene he will he opynis
his handes and lyghtenes þam with heuenly gladnes, and whene
he will, he closis his handis and withdrawes þe likynge and þe
comforthe fro þame. He wille noghte þat þay fele it fully aye,
bot here he gyffes þame as for to taste and sauour somdele how
swete he es, how gud, als Dauid sayse, *Gustate et videte quam
bonus est Dominus*, als if God sayd to vs, be þis comforthe and
this lykynge þat þou þis schorte tyme hase of me, þou may taste
and fele how swete, how gude I ame to my chosyne in my blysse
in þe werlde with-owttene ende; and þus he dose for to drawe vs
fro worldly besynes, and þe lykynge þer-of, and for to enflawme
oure hertes with lufe ʒernynges, ffor to wyne and to hafe þe
lykynge of þat joye, alle at þe full in body and saule, with hym
for to be euer more with-owttene ende. A damaselle wyse and
wele taghte þat mene calles Gelosye, þat es ay wakyre and besy
euerylyke wele for to do, sall kepe þe orloge, and sall wakkyne þe
oþer ladyse, and make þam arely to ryse and go þe wyllylyere to
þaire seruyse. Þer es orloges in towne þat wakyns mene to ryse
to bodily trauayle, and þat es þe seke, and þer es orloges in þe
cete þat wakynnes þe marchauntes to wende a-boute þaire mar-

THE FOUR WICKED NUNS.

chandyce þat es þe wynde þat blawes daye. And þer es orloges in religioue of contemplacione. And this es of this holy relegyone þat es fundede of þe Haly Gaste, and þis es Jelosy, and this es sauoure of perfeccione. And ofte it falles in relegione before þat þe orloge falles or any belles rynges, Goddes gostely seruandes are lange wakenede before and hase wepede by-fore God, and hase waschene þame with þaire teris, and þaire spyrit hase vesete with deuote prayers and gastely comforthe. And why rose þay so arely and so tymly? Enterly for þe orloge of lufe and dameselle Jelosye had wakened þame before þe tyme þat þe handmayde orloge felle. A dere brethir and syster, sely ar the sawles þat þe lufe of God and longyng till hym wakyns, and slomers noghte no slepis noghte in þe slowthe of fleschely lustes, ffor-thi he sayse in Canticis, *Ecce dormio et cor meum vigilat*, þat es at saye when I slepe bodily my flesche for to ese and ryste, my herte es ay wakyre in gelosy and in lufe ȝernynge to Gode. That saule þat þus wakes to God me thynke hole conscyence þat werldly mene thynke, and þat es this, *Jeo ay le quer a leche rauayle par amours*, þat es at saye Myne herte es styrte fro me wakened with lufe. Whate es this þat mase þe herte fro þe flesche to wake, and for þat es it as it were frende to hym? Wittirly Jeloussye with lufe, teres, and mornynge, with lufe longynge consayuede in deuote vprysynge of herte. When this abbaye was alle wele ordaynede and Goddes will seruede in ryste, and in lykynge, and in pese of saule, than come a tyraunte of þe lande thorowe his powere, and did in this holy abbaye ffoure doghtyrs þat he hade þat were lothely and of euyll maners, þat þe fende was fadyr of thiese doghtyrs. Þe firste þer-of þis foule barne-tyme highte Envye, the toþer highte Pride, the thirde highte Gruchynge, the ferthe highte False Demynge of oþer. Thiese foure doghetyrs þan hase þe tyraunt, þe deuell of helle, for euyll will and malese, done in this holy abbaye, and þay with þaire foule vnclennes þe couent hase greuede and harmede, so þat þay no riste ne no pete may haife, nyghte nor daye, nor lykynge in saule; and when the gud lady Charite saw this þat was abbas, and the lady Wysedome þat was prioresse,

Four evil damsels introduced into the Abbey—Envy, Pride, Grumbling, Evil-thinking.

The mischief they did.

and the lady Mekenes supprioresse, and þe toþer gude ladyse of this holy abbaye, that the holy abbaye was in poynte for to worthe to noghte thorowe þe wykkydnes of thir foure, than range þe chapetour belle, and gedirde þam alle to-gedir and asked concele whate was beste to do, and than lady Dyscrecyone þame concelde þat þay solde alle falle in prayere to þe Holy Goste, þat of this abbay es vesetour, þat he haste hym for to come, as þay grete myster hade, þare for to helpe and vesete with his grace. And þay alle at hir consaile with grete deuocyone of herte vnto hym sange alle with a swete steuene, *Veni creator spiritus.* And also sone þe Holy Goste come at þaire desyrynge, and þam comforthede with his grace, and chasede owte þe foule wyghtes, þose lothely fendis doghetirs, and clenesede þe abbaye of all þe fylthe, and ordayned it and restorede better þane it was by-fore. Now I pray ȝow all in charite of God, þat all þa þat of this relegione redis or heris þat þay be bouxome with all þaire myghte, and suffire þat þe gud ladys be-fore namede do þaire offece ilke daye gastely with-in þaire hertes. And luke ylkone wysely þat he ne do no trespasse agayne þe rewle ne þe obedyence of þis relegione, and of þase lufe frayners, and if thorow vnhape falle þat any of thiese foure fendis doghetyrs seke one any wyse any ingate for to hafe with-in youre hertes for to duelle, or ingate hase wonne and with yow duellis, do so, after þe concelle of þe lady Discrecione, and gyffe ȝow to deuocione with hertly prayers in hope of Goddes helpe and of his socoure, and ȝe sall be delyuerde thurgh þe mercy of oure Lorde Ihesu Criste there. Blyssede mot he be with owttene ende. Amen.

The counsel of Lady Discretion.

The Visitor of the Abbey expels the evil damsels.

RELIGIOUS POEM.

IV.

Incipit Tractatus Willim Nassyngton, quondam aduocati juris Eboraci, de Trinitate et Unitate cum declaracione operum Dei, et de passione Domini nostri Ihesu Christi.

  A Lord God of myghteȝ maste,   *Thanksgiving to the adorable Trinity.*
  Fader, and Son, and Haly Gaste.
  Fadir, for thou ert almyghty,
4 Sone, for þou ert all wytty,
  Haly Gaste, for thow all wyll,
  That gud es and nathynge yll.
  A God and ane Lord yu threhed,
8 And thre persons yu anehede.
  Thus was thow aye and euer sall be,   *The nature of God.*
  Thre yn ane, and ane yn thre.
  And begynnynge and ende of all thatt is,
12 And þat euer was bathe mare and lesse.
  Begynnynge, with-outtene begynnynge,
  And ende, with-outene endynge.
  That be-for any thynge wer wroght,
16 Or any begynnynge was, or oghtt,
  And befor all tymes God was thow,
  And Allmygtty and wysse, as þou ert now.
  Thy myght and thy will of thy selfe was tane,
20 For neuer God was bo þou ane.

And als þou was Gode ay suthefaste,
Swa sall thy Godhede euer mare laste.
And alls þou began all þat euer was,
24 Swa sall þou ende all þat sall passe.
Louede and blyssede ay mote þou be,
And with all herte I thanke the,
Of all þat þou has done and wroghte,
28 ffra þe firste tym þat þou began oghte,
ffor me and for all man kynde,
Whare-fore aghte vs ay haue þe in mynde.
And loue þe for þou has done to mane,
32 Als I here thurgh þi grace reherse cane.

By God all things were made.

ffyrste heuen and erth for man þou made,
And all þis werlde here wyd and brade,
And al thyng þat es þer-in,
36 For with-owtten the es noghte bot synn.
The wilke was neuer thurgh the wroghte,
Þer-for in haly uritte es synn called noghte.
Heuene þou made whare þou duelles,
40 Fer oure endles wonnynge with angells.
And þe werlde owre suget here to be,
To serue vs þat we þare-in serue þe.
The firmament þou made monande,
44 To noresche all thyng þare vndire lyfande,
And the sonne to schede þe day fra þe nyght,
And þe mone and þe sternes to tak þaire lyghte.
The lighte of grace þat gastely gifte es,
48 Of þe þat es sonne of ryghtwisnes.
The mone lyghte thou made to waxe and wane,
Alls semes þat ensample þer-by es tane,
Of owre lyfe þat passes here sone,
52 And waxes and wanes als lyghte of mone.
The sternes þou made on þe sky standande,
And the planettes in þeire course passande,
ffor ensaumple til vs to knawe and se,
56 How we salde liffe here in ilke a degre.

THE NATURE OF MAN.

  The foure elementes þou mad sere,
  To sustayne oure bodyly kyndes here,
  And all oþer creatoures als was thi will,
60 In sere kyndes þou made for certayn skyll.
  Of wilke som are noyeand till vs kyndly,
  And som are profytable and esye.
  All all are they for owre profet wroghte,   *For our profit and blessing.*
64 Bathe they þat noyes, *and* þat noyes noghte.
  The noyeand þou made vs for to chasty,
  And to clense vs here of owre foly.
  And to make vs to knawe and se,
68 How febill *and* how frele are we.
  The vnnoyeand to sustayne vs *and* fede,
  And to helpe vs *and* ese vs in owre nede.
  Thy creatours are ay whare in sere stede,
72 Of whilke som are qwyke *and* som are dede.   *Some things have life, some are without life.*
  ffor som semes noghte bot alles dede thynges,
  Als stanes þat has noghte bot beynges,
  Som, als gryse *and* trees þat mene sese sprynge,
76 Has beyng *and* lifynge bot na felynge.
  Som, als bestes þat crepis *and* rynnys,
  And als foghles wi*th* fethirs, *and* fische wi*th* fynnes,
  Hase bathe beyng, lyffyng, *and* felyng,
80 Bot na witte ne skyll of demyng.
  Som, als men *and* angells has thurghe the,
  A*nd* thurghe þi myghte, beyng *and* lifyng fre,
  And feli*ng* bath of gude and ill,
84 And discrecyone of witte *and* skylle.   *Man the highest work,*
  Thus has man beyng, als men sese,
  Wi*th* stanes, *and* lyfe wi*th* grysse *and* trees,
  And felynge wi*th* bestes of sere kynde,
88 And wi*th* angells skill *and* mynde.
  Thus walde þou, are þou oghte begane,
  Þat somwhat of ylke creato*u*re hade mane,
  Mane thow made maste dynge creatoure,
92 A*nd* maste semly of schape *and* of stature,

Of all oþer creatours mare or lesse,
For þou mad hym aftire thyne owene liknesse.
And gafe hym lordechipe and powere,
96 Abowene all oþer vnskillwyse creatures sere.
And to rewle hym with witte and skyll,
And for to knawe bathe gud and ill.
Whare-fore gret lufe to man þou kide,
100 When þou this fore man ordaynede and dide,
It semes þou hade gret lufe tyll man,
Before are þou oghte begane.
Lorde I am man for whaym þou dide thus,
104 And þat man es ilke man and womane of vs,
And als wele all þis þou did for me,
Als for ilk man or woman þat are made thurghe the.

Therefore is he bound to love God.

And for-thy þat I am þat man,
108 For whaym þou al thyng begane,
I awe thurghe ryghte the to lufe ay,
And to loue the bath nyghte and daye.
And to wirchipe with saule and body,
112 Righte als þou had done all anely.
Lord God Almyghty ȝit thanke I the,
That mekill mare walde doo for me.

Man has a higher blessing than the other creatures, in the Redemption.

And for man kynd for thy gudnes,
116 And thy mercy þat till vs ay redy es.
That fra heuene til erthe downe walde com,
To bryng vs here owt of thraledome,
Of of þe fendis dawngere that we ware in,
120 Thurghe owre foremaste fadire syne.
Lorde mekyll þou mekede the for owre sake,
Þat come fra so heghe owre kynde to take.
And vouchede safe swa lawe to lighte,
124 Þat swa heghe a lorde es of grett myghte.
Bot lufe the made of vs mercy to haue,
Þat fra the was tynt vs for to saue,
Thurghe processe of lyfe þat þou walde lede,
128 In erthe in oure kynde of manhede.

THE BIRTH OF JESUS.

ffirste þou lyghtede in a maydene chaste, *God born of a Virgin.*
Þat conceyuede the of þe Haly Gaste,
And of hir body þat was ay wemlesse,
132 Thow tuke flesche *and* blude *and* oure lyknesse,
And oure kynde here, *and* of nan oþer,
And be-come mane for vs, and oure brothire.
And for the luffe þou hade till vs,
136 Walde be borne of hir *and* calde Jhesus.
ffor Jhesu es als mekill for to saye,
Alls hele or helere, þat all hele maye. *Called Jesus Saviour.*
Thow come to hele vs þat ware lorne,
140 Bot in na reall place þou was borne,
Nowthire in palays, castell, ne toure,
Ne in none othir stede of hono*ur*;
Bot in a lawe hows and laid þou was *Born in lowly fashion.*
144 In a crybe be-fore an oxe *and* an asse.
Thow wald nowthir in pu*r*pure ne byse
Be lappede, ne in nan oþer clothes of pryce,
Bot in vile clowttes for to coue*r* thi body,
148 ffor we sulde take ensample þe*r*-by,
To lufe mekenes *and* gastely pouerte,
And fra reches *and* pompes wi*th*-draue oure herte,
One þe aughtene day of thi byrthe here, *Circumcised the eighth day.*
152 That þe firste day es of þe newe ȝere,
Circu*m*sysede in body walde þou be,
Alls þe law was þan in sere contre.
In fassyng of þe lawe and in fullfillyng,
156 *And* in ensampill till vs *and* in takenyng,
That als þou was circu*m*sisede in body,
Swa sulde we circu*m*cise vs here gastely.
That es we sulde schere fra vs away,
160 All þat til luste *and* likyng styre vs may.
One the twesste day þou was vesete wi*th* kynges
And wirchipede wi*th* thre precyous thynges, *Worshipped by kings with three precious gifts.*
That es at say, wi*th* golde *and* ensence,
164 And myre, þat þey offerde in þi presence.

THE PASSION OF JESUS.

Be þe golde may vndirstand be,
That þou arte kynge of maste pouste,
The ensence þat þe was offerde nexte,

At thirty years old baptized.   168   Be takyns þat þou art soueraync priste,

The myr þat kepis all thynge fra rotynge
Be takyns thy dede *and* þi beryenge.
The thritty ȝere of þe elde of þe

172   Of Sayn John walde þou bapteste be,

In þe flom Jordane specyally,
For to gyfe vs ensample ther-by,
That all sulde be þat till heuen suld passe

176   Baptizede in watyr als þou was.

Bot for na cause of syne in the hyde,
Was þou baptizede þat neuer syne dide,
For in the neuer was fundene gyle,

180   Ne nathyng þat any saule myght fyle.

Bot for to lere vs howe we sulde begyne
To wesche vs of þe origenall syne,
And for to make vertue in all watirs to be,

184   ffor to get vs agayne with grace to be fre.

Tempted in the wilderness.   Sythen when þou had fasted þourghe myghte,

ffourty dayes, *and* fourty nyghte,
Thow sufferd thi selfe temped to be,

188   Of þe deuell þat þare-to had leue of the.

To lere vs to wrestyll *and* stand styfly,
Agayne þe fandyng of þat enmy.
Thow lett the of Judas traytour balde,

Betrayed for thirty pieces of silver.   192   ffor thritty penys to þe Jewes be saulde.

Thow lette the alls thefe be tane bodyly,
Of þe Jewes þat till þe hade envye,
The wilke till Anna house the ledde,

196   And than all thi discypills fra þe flede.

Made to suffer indignities.   Till the was done thare at þe begynnynge

Many fawlde dispyte *and* hethynge.
ffirste þey spittede appone þe thare,

200   And gafe þe many bufettes sare.

And thyne eghne with a clathe þey hide,
And smate þe and askede wha it dide.
Sithene þey dide þe mare hethynge,   *Sent to Herod and Pilate.*
204 They lede þe to Herodes hows þe kynge.
That helde þe a fule as hyme thoghte,
ffor þou till his speche ansuerde noghte.
He did clethe þe in whitte garment,
208 And til Pilate agayne he þe sente.
Eftirwarde þou was skowreghide sare,   *Scourged.*
In Pilates hows nakynde bare,
That thi hide was all to-reuene than,
212 And þe blude one ylke a syde downe ranne.
The knyghtes aftire þat skourgegynge,
Abowte þe lappede a mantill in hethynge,
That with þe blude till thi body cleuede,
216 Sythene drew þey it ofe and þat þe greuede.
And racede of all þe skyne þat tyde,
ffor till clethynge cleued faste þi hyde.
And when þey had done þe þis payne,
220 They clede þe in þi awene clethyng agayne.   *Crowned with thorns.*
And thryste þan appone þi heuede thare,
A crowne of thornnes þat prykkede þe sare,
Of wilke þe prykkes ware swa scharpe þane,
224 That þey percede nere thurghe þi herne panne.
They gafe þe a rede in thi hande,   *With a reed for a sceptre.*
In stede of a ceptire, the skornande,
And knelide be-fore þe in hethynge,
228 And said till þe 'hail Jewes kynge.'   *Mocked and condemned to the Cross.*
Sythene was þou demede at þe Jewes voyce,
Thurghe Pilate to be hynged on þe croyce,
The wilke þou bare towarde þe stede,
232 Whare þou was ordeynede to be done to dede.
Sithene was þou straynede on þe crosse so faste,
Thurghe þe Jewes, þat þi vaynes and synows al to-braste,
And naylede þer one thurghe hand and fute,
236 ffor hele of my saule and for my bute.

THE PASSION OF JESUS.

<small>Crucified.</small>

And when þey had naylide þe on þe crosse swa,
They did þe aftire strange payne *and* wa,
ffor they reysede þe crosse w*ith* þi body,
240 And fychede it in a tre mortasse vyolently.
In wilke þe crosse swilke a rage tuke,
Þat þi body thurghe weghte al to-schoke,
Than rane thy wondes thurghe fute *and* hande,
244 And ware sene full wyde gapaunde.
And þe joynetes of ilk lym *and* bane,
And þe vaynes ware strydand ilkane.

<small>Cries 'I thirst.'</small>

Sithen*e* þo*u* said hyngande on þe rude tree,
248 The thristede, and þan þe Jewes bed the,

<small>Given gall and vinegar.</small>

A full bittire drynke þ*at* was wroghte,
Of aysell *and* gall þ*at* þe lykede noghte,
Neue*r*-þe-lattere to taste it þo*u* was bowne.
252 Bot þo*u* walde noghte swelowe it downe,
ffor þat thriste was noghte ells þan,
Bot a ȝernynge aftyre þe sawle of mane.
Thow suffirde many repreues þ*at* tyde,
256 Bathe on þe thefe þ*at* hange on þ*i* lefte syde,
And of othire maysters of þe Jewry,
That mekill schame þe dide *and* velany.

<small>Cries 'Eli, Eli.'</small>

At nonne of the daye þou cryed Hely,
260 A*nd* ȝeldide þ*i* gaste to þ*i* fadir Almyghty.

<small>Dies.</small>

Thus þo*u* diede to make vs free,
ffra þe grett thraldome in whilke ware we.
Bot mekill payne *and* mekill reprefe,
264 Þou tholed before þ*i* dede fore oure lufe.

<small>For our deliverance and example.</small>

And noghte for to bye vs agayne anely,
ffor why þ*i* dede moghte suffyce vs all to bye,
Bot for we sulde þare by ensampill take,
268 To be pacyente in angou*r*s for þ*i* sake,
And for the to thole all þ*at* harde es,
Alls þo*u* tholede for vs thurghe þi gudnes.
Ells thurte þe hafe tholede nan oþe*r* payne,
272 Bot þe dede anely for to bye vs agayne.

THE SINFULNESS OF MAN.

  Sythene was þou smetyne in þi reghte syde,
  With a spere þat till þi herte gune glide,
  ffra whilke owt rane to oure saluacyone,
276 The precyous blode of owre ransome.
  With þe water of baptym clere and thyne,
  ffor to wesche vs here of þe oregynall synne.
  Lorde for þire bitter paynes and fell,
280 With othere ma þat I kane tell.
  That þou swa mekill suffire walde,   *Praise to the Saviour for his mercy.*
  ffor me synfull þi traytoure baulde,
  I thanke þe here inwardly,
284 With all my herte and my body.
  A Jhesu Crist, Lorde, full of myghte,   *The unworthiness and sinfulness of man.*
  When I thynke outhire day or nyghte,
  Of swa mekill kyndnes of þe,
288 And of þe paynes þat þou tholide for me,
  And of myn vnkyndnesse many fawlde,
  And how I to urethe the ay hafe bene bawlde,
  Of myn hard herte þan es gret wondire,
292 Þat it for sorowe bristeȝ noghte in sundyre.
  Bot flescly herte in me semes nan,
  ffor my herte es hard als it ware stane.
  A Jhesu I grante to þe my trespas,
296 And knawes þat I am wers þan Judas was.
  That the bytrayede als traytoure balde,
  And til þe Jewes for thritty penys sawlde.
  ffor I synfull wreche has ofte sawlde the,
300 ffor a littill worldly vanyte,
  And for a littill fleschely delyte,
  Whare-fore I am mare þan Judas to wyte.
  I halde me ȝitt werse, and mare wode,
304 Þan þe Jewes ware þat did þe one þe rude ;   *Christ crucified again by sin.*
  ffor why þay dide þe bot anes þat dede,
  And þey knewe þe noghte Gode in manhede,
  And I þat wate and knawes righte,
308 Þat þou arte Gode ay full of myghte,

Thurghe myn awen malece as I ware wode,
ffull ofte sythes hafe I done þe one þe rude.
ffor als ofte als I hafe done dedly syne,
312 And thurghe malece wetandly fallyne there-ine,
Alls ofte hafe I done þe one þe rude,
In þat þat in me was, and schede þi blude.
Lorde all if I hafe done swilke foly,

Prayer for mercy. 316 Putt me noghte away fra þi mercy,
Bot graunte me grace þat may me wysse,
To amende me of þat I hafe done mysse ;
Sen þat þou saide þi selfe þou will noghte,
320 The dede of synfull þat þou has boghte
Bot þat he turne hym to doo þi will,
And lyfe, for þou will na man spyll.
Lorde swylke grace þou me gyffe,
324 Þat I may turne me to þe and lyffe,
A Lord Jhesu Criste ȝit thanke I the.
Þat all þis and mare has done for me,
And for saluacyone of mankynde,
328 ffor whaym þou was swa bitterly pynede,
And sufferde dede, als I be-for saide,

Christ descended into hell. And lett þi body be in sepulcre layde.
Thow ȝernede sa mekill agayne to wyne
332 All þas þat þou hade loste for syne,
That when þow was dede and ȝeldede þe gaste,
Als tyte till hell þou gun þe haste,
In saule and godhede, als was þi will,
336 Thy body whils in þe sepulcre lay styll ;
Till þou at hell come þou walde noghte stynte,
And ware sesede of þas þat þou hade tynte.

And spoiled it of his. Thow spoylede hell whene þou come þare,
340 And tuke owt with the all þat thyne ware.
Bot þou lefte þas þare þat walde noghte trowe,
In þi lawe, ne in þi biddynge bowe.

Rose again the third day. Sythene when þou come fra þat stede,
344 At þe thred day aftyre þi dede,

THE FUTURE JUDGMENT.

  To vpe-ryse fra dede þou vouchede-safe,
  To eke þe trowhe þat we here hafe,
  And schewede the bodily in thi manhede,
348 To conferme þe trowthe for oure mede.   *All men shall rise in their bodies.*
  Whare-fore þi bodily vp-ryssynge,
  Till vs ensample es and takynnynge,
  That we sall ryse all generally
352 At þe day of dome in saule *and* body.
  Thane sall all þat are fundyne reghtewisse
  Thurghe thyne vprysynge to blysse ryse,
  Bot þay þat lyffes ill vnto þaire endynge,
356 Settes na parte of thyne vpe-rysynge,
  Bot þay sall ryse wit*h* dule þat day,
  Till þe fire of hell þat lastes aye.
  ȝitt thi rysynge forbysen till vs es,
360 ffor all þat rase fra dede til blyse endlesse,
  Swa sulde we þat til blysse wyll wyne
  Gastely ryse fra dedely syne.
  Eftire þi rysehynge, als þe buke sais,
364 Þou duellede in erthe ȝitt fourty dayes,   *Remained on earth forty days.*
  And at þe fourtty day þou stey vp-righte,
  Til þi fader in till heuene bryghte.   *Ascended into heaven.*
  To teche vs þe way þat we sall wende,
368 Til þe gret blysse þat has nan ende,
  And settis þare one þi ffadire regte hande
  Als God *and* Lorde alweldande.
  That es to saye in Godhede euene,
372 Wit*h* thi ffadir *and* owrs in heuene,
  The tendaye aftire þat þou vp wente,   *On the tenth day after, the Holy Ghost came down.*
  At vndrone þe Haly Gaste doune þou sente,
  Till thyn Appostills, als þou þem hyghte,
376 Þat þeire hertes comforthede *and* made þem lyghte.
  Thurghe whame lyghtenede *and* leride ware we,
  Off all þis Lorde I thanke þe.
  A Lorde Jhesu at þe dredfull daye of dome, *Christ shall come again to judgment.*
380 When þou sall fra heuene come,

With thyne augells bryghte *and* clere,
And Apostells *and* oþer halowes sere,
In þe same fourme of man and lyknesse,
384 In wilke þou was demyde here giltlesse,
To deme gud *and* ill of ilke lande,
Schewande þi woundes al bledande,
That þou walde thole for synfull mane—

The strict account that must be given then.
388 What sall I say or what sall I do þan?
When all oure werkes þat cue*r* we dyde,
Sall þan be schewede *and* nathyng hide,
Of whilke we sall ȝelde a cownte straitly,
392 And be demyde aftire we are worthi.
And I than wi*th* me na gud sall brynge
Be-fore sa heghe domesmane *and* kynge,
Bot synnes þat are swa manyfaulde,
396 That þey may noghte by tonge be tawlde,
Certes I am þare-fore full dredand,
My herte for dred aghte to be full tremblande,
When discussione sall be of all dedis,
400 And þi wrethe sall be maste þat all men dredis.

Then can we only utter the prayer of David.
Certes I ne wate whate I may say þane,
Bot alls Dauid did, þe haly mane—
Do þou, Lorde, wi*th* þi seruande,
404 Eftyre þi mercy, þat es ay sauande,
And in till dome come þou noghte
Wi*th* þi seruande þat þou has boghte.
ffor I hafe hade grete drede in thoghte,
408 Of þi domes and þat drede leffe I noghte.
ffor þou, Lorde, arte reghtewysse domes-mane,
That all thyng reghtewissly dom kane.
And thi reghtwysse dome *and* reghtwyssnes,
412 Domes synfull mene to payne endlesse,
That of þayre wikkidnesse will noghte blyne,
And þi mercy here may nat wyne.

None can be saved who has not obtained Christ's mercy here.
ffor sekere of me*r*cy nane getes he,
416 In þis life bot he turne hym till þe.

LORD HAVE MERCY ON ME.

     And naue may þat daye be saffe,
     Bot he þi mercy in þis lyfe hafe.
     Of whilke þou erte large *and* leberall,
420 To graunte it bathe grete *and* smalle,
     That mercy askes *and* folowes þare-to,
     And dos þare-fore þat þem*e* falles to doo.
     Whare-fore Lorde sen þou arte ay redy,   *Lord grant me Thy mercy now.*
424 To graunte till ilke a mane þi mercy,
     That sekes þar-to whils þay here lyffe,
     Swilke grace in þis lyfe þou me gyffe,
     To turne me and to fle syne.
428 Þat I may here þi mercy wyn*e*. Amen.
     Thurghe whilke I may at þe dredfull day,
     Be led to þe blyse þat sall last ay. Amen.

HYMN TO JESUS CHRIST.

V.

Jesu Criste, Saynte Marye sonne,
Thurgh whaym þis werlde was worthily wroghte,
I pray þe come and in me wonne,
4 And of all filthes clense my thoghte.

Jesu Criste, my Godde verray,
Þat of oure dere lady was borne,
Þou helpe now, and euer, and aye,
8 And lat me neuer for syn be lorne.

Jesu Criste, Goddes sone of heuene,
Þat for me dyede one þe rude,
I pray þe here my symple steuene,
12 Thurghe þe vertue of thi haly blude.

Jesu Criste þat one þe thirde daye,
ffra dede to lyffe rase thurgh thi myghte,
Þou gyffe me grace the serue to paye,
16 And þe to wirchipp day and nyghte.

Jesu of whaym all gudnes sprynges,
Whaym all men awe to lufe by ryghte,
Thou make me to ȝeme thi biddynges,
20 And thaym fullfill with all my myghte.

Jesu Criste þat tholede for me
Paynes and angers bitter and felle,
Late me neuer be partede fra þe,
24 Ne thole þe bitter paynes of helle.

THE BLESSINGS OF THE LOVE OF JESUS.

    Jesu Criste, welle of mercy,
    Of pete and of all gudnes,
    Of all þe synnes þat euer did I,
28 I pray þe gyffe me forgyffnes.

    Jesu to þe I make my mane,
    Jesu to þe I calle and crye,
    Late neuer my saule with syn be slane,
32 ffor þe mekillnes of þi mercy.

    Jesu þat es my saueoure,
    Þou be my joy and my solace,
    My helpe, my hele, my comfortoure,
36 And my socoure in ilke a place.

    Jesu þat with thi blude me boghte,
    Jesu þou make me clene of syne,
    And with þi lufe þou wounde my thoghte,
40 And late me neuer mare fra þe twynne.

    Jesu I couayte to lufe the,
    And þat es hally my ȝernynge,
    Þare-fore to lufe þe þou lere me,
44 And I thi lufe sall [euer] synge.

    Jesu thi lufe in-to me sende,
    And with þi lufe þou me ffede,
    Jesu þi lufe ay in me lende,
48 Thi lufe euer be my saule mede.

    Jesu my herte with lufe þou lyghte,
    Thi lufe me make euer to forsake
    All werldly joy, bathe day and nyghte,
52 And joy in þe anely to make.

    Jesu þi lufe me chaufe with-in,
    So þat na thynge bot the I seke,
    In thi lufe make my saule to brynne,
56 Thi lufe me make bathe milde and meke.

Jesu my joy and my louynge,
Jesu my comforthe clere,
Jesu my Godde, Jesu my kynge,
60 Jesu withowtten pere.

Jesu þat all hase made of noghte,
Jesu þat boghte me dere,
Jesu joyne þi lufe in my thoghte,
64 Swa þat þay neuer be sere.

Jesu my dere, *and* my drewrye,
Delyte þou arte to synge,
Jesu my myrthe, and my melodye,
68 Into thi lufe me brynge.

Jesu, Jesu, my hony swete,
My herte, my comfortynge,
Jesu all my bales þou bete,
72 And to þi blysse me brynge.

Jesu in thi lufe wounde my thoghte
And lyfte my herte to the,
Jesu my saule þat þou dere boghte,
76 Thi lufere mak it to bee.

Now Jesu Lorde þou gyffe me grace,
If it be thi will,
That I may come vn-to thi place,
80 And wonne ay w*ith* the stylle.   Amen.

HYMN TO JESUS CHRIST AND THE VIRGIN.

VI.

Fadir and Sone and Haly Gaste,
Lorde to þe I make my mone,
Stedfaste kyng of myghtes maste,
4 Alle-welaand Gode sittand in trone.
I praye þe Lorde, þat þou þe haste
To for-gyffe þat I hafe mysdone.

Lord hafe mercy of my syne,
8 And brynge me owte of all my care,
Euylle to doo I couthe neuer blyne,
I hafe ay wroghte agaynes þi lare.
Þou rewe one me bathe owte and in,
12 And hele me of my woundes sare.

ffadir of Heuene þat all may,
I pray þe Lorde, þat þou me lede,
In stabyll trouthe þe ryghte way,
16 At myn endynge when I sall drede.
Thi grace I aske, bathe nyghte and day,
Hafe mercy now of my mysdede.
Of myne askynge say me noghte nay,
20 Bot helpe me Lorde att all my nede.

THE INTERCESSION OF THE VIRGIN.

  Swete Jhesu þat for me was borne,
  Þou here my prayere loude and stille,
  ffor paynes þat me ere laide beforne,
24 ffull ofte I syghe and wepis my fylle,
  ffull ofte haf I bene forswourne,
  When I hafe wroghte agaynes þi will,
  Thou late me neuer be forlorne,
28 Lorde, for my dedis ille.

  Haly Gaste I pray to the,
  Nyghte and day with gud entent,
  In all my sorowe þou comforthe me,
32 Thi haly grace be to me sente.
  And late me neuer bowndene bee,
  In dedly syn þat I be schente,
  ffor Marie lufe þat mayden free,
36 In whaym þou lyghte verraymente.

  I pray the Lady meke and mylde,
  Þat þou pray for my misdede,
  ffor þe luffe of þat ilke childe,
40 Þat þou saghe one þe rude blede.
  Ewire and ay haf I bene wylde,
  My synfull saule es euer in drede,
  Mercy lady meke and mylde,
44 Þou helpe me euer at all my nede.

  Mercy Mary mayden clene,
  Þou late me neuer in syne duelle,
  Pray for me, þat it be sene,
48 And schelde me fra þe fyre of helle.
  Certis, lady, wele I wene
  Þat all my saamen may þou felle,
  ffor-þi my sorowe to þe I mene,
52 With drery mode my tale I telle.

Bethynke þe lady euer and ay,
Þat of womene þou beris þe flour,
ffor synfull men, als I þe say,
60 Oure Lorde hase done þe gret honour.
Helpe me lady so wele þou may,
Þe behouse be my consailloure,
Of consaile lady I þe praye,
64 And also of helpe and of socoure.

Nyghte and day in wele and wa,
In all my sorowe þou comforthe me,
And be my schelde agayne my faa,
68 And kepe me, gyffe þi willes bee,
ffra dedly syne þat will me slaa.
Mercy lady faire and ffree,
Þou take þat þe es fallene fraa,
72 ffor thi mercy and þi pete.

At myn endynge þou stand by me,
Heþyn when I sall founde and ffare,
When I sall qwake and dredfull be,
76 And all my synnes sowe full sare.
Als ay my hope hase bene in the,
I pray þe lady helpe me þare,
Ffor þe luffe of þe swette tre,
80 Þat Jhesu sprede one his body bare.

Jhesu for þat ilke harde stounde,
Þat þou walde one þe rude tre blede,
At myne endynge when I sall founde,
84 Hafe mercy Lorde of my mysdede.
And helpe me þare-of þe dedes wounde,
And kepe me þare at all my nede,
When dede me takes and brynges to grounde
88 Lorde þare I sall thi domes drede.

ffor my syn*n*es to do penance
Be-fore my dede Lorde graunt þou me,
And space of verray repentance
92   Inwardly I beseke the.
In thi mercy is my fyaunce,
Of my foly þou hase pete,
And of me take þou na vengeance,
96   Lorde for þi debonerte.

Lorde als þou erte full of myghte,
Whase lufe es swetteste for to taste,
My lyfe amende, my dedis þou ryghte,
100   For Marie lufe þe mayden chaste.
And brynge me to þat ilke syghte,
One þe to see þare joy es maste,
One þe to see þat joyfull syghte,
104   ffadir and Soun and þe Haly Gaste.   Amen.

MORAL POEM.

VII.

    When Adam dalfe and Eue spanc.
    So spire if þou may spede,
    Whare was þan þe pride of man,
4 Þat nowe merres his mede?
    Of erthe and lame as was Adam,
    Nakede to noye and nede,
    We er, als he, naked to be,
8 Whills we þis lyfe sall lede.
    With I and œ, borne er we,
    As Salamon vs highte,
    To trauell here whills we er fere,
12 As fewle vn-to þe flyghte.

    In werlde we ware casten for care,
    To we ware worthi to wende,
    To wele or wa, ane of þase twa,
16 To walde with-owtten ende.
    For-thi whiles þou may helpe þe nowe,
    Amend þe and hafe mynde,
    When þou sall ga, he bese thi ffaa,
20 Þat here was are thi ffrende.
    With œ and I, I rede forthi,
    Umthynke þe ay of thre,
    What we er, and whate we warre,
24 And whate þat we sall be.

Ware þou als wysse praysede in pryce,
Als was Salomon,
Wele fairere fude of bane and blude,
28 Þat was Absolone,
Strenghely and strange, to wreke thi wrange
As euer was Sampsone,
Þou ne myghte a day, na mare þan þay,
32 Þe dede with-stand allone.
With I and œ, þe dede to þe,
Sall come als I þe kene,
Bot þou ne whate in whatekynstate
36 Ne how, ne whare, ne whenne.

When bemes sall blawe, rewly on rawe,
To rekkenynge buse vs ryse,
When he sall come vn-to þat dome
40 Jhesu to sitt instyse.
Þat are was leue þane mon be greue,
When all gastis sall ryse,
I say þat þan to synfull man
44 Sary bese þat assise.
With I and œ, he sall noghte flee,
If all he his giltes fele,
He ne may hym hide, bot þare habyde,
48 Ne fra þat dome appelle.

Of all thyne aughte, þat þe was raughte,
Sall þou noghte hafe I hete,
Bot seuen fote þare-in to rote,
And a wyndynge schete.
52 ffor-þi þou gyffe, whils þou may lyfe,
Or all gase þat þou may gete,
Thi gaste fra Godd þi gudes clodde,
Thi flesche foldes vndir fete.
56 With I and œ, full sekire þou be,
Þat thyne executurs

Of þe ne will rekke, bot skikk and skekke
Full baldely in thi boures.

60 To dome we drawe, þe sothe to schawe,
In lyfe þat vs was lente.
No latyn ne lawe may helpe an hawe,
Bot rathely vs repente.
64 The croice, þe crowne, þe spere bese bowne
Þat Ihesu ruggede *and* rente;
Þe nayles ruyde sall þe conclude
W*ith* thyne awen*e* argument.
68 W*ith* œ, and o, take kepe þer-to,
As Criste hym-selfe vs kende;
We come and goo to wele or wo,
That dredfull dome sall ende.

72 Of will and witt þ*at* vesettes it
In worde, and þat we wroghte,
Rekken*e* we mon*e*, and ȝelde reson*e*
Full rathely of our thoghte.
76 Sall no fallace cufere *our* case,
Ne consaile gette we noghte,
Ne gyfte ne grace noþ*er* þare gase,
Bot brwke as we hafe broghte.
80 W*ith* œ and I, I rede for-thi,
Be warre nowe w*ith* thi werkes,
ffor terymes of ȝere hase þ*ou* nane here,
Thi medes sall be thi merkes.

84 What so it be, þat we here see,
Þe fairehede of thi face,
Thi ble so bryghte, thi mayne, thi myghte,
Þi mouthe þ*at* myrthis mase.
88 All mon als was to powdir passe,
To graue whene þat þ*ou* gase,

A grysely geste, þan bese þou preste,
In armes for to brace.
92 Witℎ I and œ for leue þou me,
Bese nane, as I þe hete,
Of all þi kyth dare slepe þe witℎ
A nyghte vndir þi schete.

HYMN TO JESUS CHRIST.

VIII.

  Ihesu, thi swetnes wha moghte it se,
  And þarc-of hafe a clerc knawynge,
  All erthely lufe sulde bitter bee,
4 Bot thyne allane with-owtten lesynge.
  I pray þe Lorde þat lare lere mee,
  Aftir þi lufe to hafe langynge,
  And sadly sett my herte one þe,
8 In þi lufe to hafe lykynge.

  So lykand lufe in erthe nane es,
  In saule wha sa couthe hertly se,
  To lufe hym welc ware mekill blysse,
12 ffor kyng of lufe callede es he.
  With trewe lufe I walde, I wysse,
  So harde to hym bowndene be,
  Þat my herte ware hally hys,
16 And oþer lufe lykede noghte me.

  If I for kyndnes suld luf my kyne,
  Ay me thynke þus in my thoghte,
  By kyndly skyll I sulde begyne
20 At hym þat me gun make of noghte.
  Hys semblant he sette my saule with-in,
  And this werlde for me he wroghte,
  As fadir of fude my lufe to wyne,
24 ffor herytage in heuene he me boghte.

As modir, of hym I may make mynde,
Þat are my byrthe to me tuke hede,
And seþne wit*h* baptym weschede þat strynde
28 Wit*h* synn was fylede wit*h* Adame's dede.
Wit*h* nobill mete he nureschede my kynde,
ffor wit*h* his flesche he walde me fede,
A bett*er* fude may na man*e* fynde,
32 ffor to lastande lyfe it will vs lede.

My broþ*er* and sys*ter* he es by skyll,
ffor he saide *and* lerede þat lare,
Þat wha sa dide his fadyr will,
36 Systers and breþ*ir* till hym þay ware.
My kynde also he tuke þare till,
ffull trewly I tryste þare-fore,
Þat he will neu*er* lat me spyll,
40 Bot wit*h* his mercy sane my sore.

Eftyr his lufe me bude lange,
ffor he has myn*e* full dere boghte,
When I was went fra hym wit*h* wrauge,
44 ffra heuen*e* to erthe he me soghte.
My wrechede kynde for me he fange,
And all his noblay sette at noghte,
Pouerte he suffirde *and* penance strange,
48 To blysse agayne are he me broghte.

When I was thralle to make me fre,
My lufe fra heuen*e* till erthe hym ledde,
My lufe allane hafe walde he,
52 And þat my saule sulde sauede be.
Þare-fore he laide his lyfe in wedde,
Wit*h* my faa he faughte for mee,
Woundide he was *and* bitt*er*ly bledde,
56 His p*re*cyous blude full of plentee

ffull petevofely for me was schede,
His sydes full bla and bludy ware,
That sumtym ware full brighte of blee,
60 His herte was perchede with a spere.
His bludy woundes was reuthe to see,
My raunsone I wys he payede þare,
And gaffe his lyffe for gylte of me,
64 His dulefull dede burde do me dere,

And perche myne herte for pure petee,
ffor pete myne herte burde breke in two,
To his kyndenes if I tuke hede,
68 Enchesone I was of all his wo.
He sufferde full harde for my mysdede,
To lastand lyfe for I sulde goo,
The dede he tholede in his manhede
72 When his will was to lyfe also.

He rasse agayne thurghe his Godhede,
Till heuene he wente with mekill blysse,
When he hade vengwyste his bataile,
76 His banere full brade displayede es.
When so my faa will me assaile,
Wele aghte myne herte þan to be his,
ffor he es þat frende þat neuer will faile,
80 And na thynge he will I wys,
Bot trewe lufe for his trauaile.

Thus walde my spouse for me fyghte,
And woundide for me he was full sare,
84 ffor my lufe his dede was dyghte—
What kyndnes myghte he do me mare?
To ȝelde hym his lufe hafe I na myghte,
Bot lufe hym lelly I sulde þare-fore,
88 And wyrke his will with werkes ryghte,
That he me leryde with lufely lore.

His lufly lare wit*h* werkes fulfill,
Well aghte me wreche if I ware kynde,
92 Nyghte and daye to wirke his will,
And eue*r* mare hafe hym in mynde.
Bot gastely enemyse greues me ill,
And my frele flesche makes me blynde,
96 Thare-fore his mercy I take me till,
ffor bettire bute I kane nane fynde.

Bettire bute es nane to me,
Bot till his mercy trewely me take,
100 That wit*h* his blude made me fre,
And me a wreche his sun*e* walde make.
I praye þat lorde for his petee,
ffor my synn noghte me for-sake,
104 Bot gyffe me *grace* syne for to flee,
And in his lufe lat me neue*r* slake.

A Ihe*s*u, for þe swetnes þat in the es,
Hafe mynde of me when I sall wende,
108 Wit*h* stedfaste trouthe my wittes wysse,
And defende me fra þe fende.
ffor þi mercy forgyffe me my mysse,
That wikkede werkes my saule ne schende,
112 Bot brynge me, Lorde, vnto þ*i* blysse
Wit*h* þe to wonn*e* wit*h* owttene ende.
                              Amen.

OF SAYNE JOHN THE EU*A*U*N*GELIST.

IX.

1. Of all mankynde þat he made þat maste es of myghte,
   And of þe molde merkede and mesured that tyde,
   Wirchipede be þou Eu*a*u*n*gelist wit*h* eue*r*-ilke a wyghte,
   Þat he wroghte in this werlde wonnande so wyde.
   Louede be þou lufely lugede in lyghte.
   To life ay in lykynge þat lorde the relyede,
   That in bedleme was borne of a byrde brighte.
   That barne brynge vs to blysse þare beste es to byde ;
       To byde in his blysse,
       Thare he is and his
           Dysciplis ilkone.
       Whare myrthe may noghte mysse,
       That way þou vs wysse,
           Eu*a*u*n*gelist Ihon.

   Of all men the worthiest was John, called of him who was born in Bethlehem.

2. Iohn as þe gete or germandir gente,
   As jasp*er* þe jowell of gentill perry,
   So was þou daynte as drowry derely endent
   In his dedis þat for dule endeynede hym to dye.
   Þou was lufed of þat lorde þat vs lyfe lente,
   Þare was na lyncaude lede he lete mare by,
   Ne na wyghte in þis werlde wit*h* hym þa*t* went,
   And by thi werkes I wate þat þo*u* was worthi.

   A bright jewel among men, dearly loved of that Lord that gave us life.

Wele worthi þou ware,
ffor thi werkes ay whare,
And dedis by-dene.
Now forthir to fare,
Of thi mekenes mare
With mouthe will I mene.

Born in Galylee, of Zebedee and Mary. He left his father and his nets and went to Jesus.

3 In Galylee graythely gome was þou get,
As Godd of his gudnes graunted þe grace,
Zebede thi fadir the fude þat the fet,
He fedd the and fosterde þat faire was of face,
Þou was myldeste of mode þat euer mane mett,
Thi modir highte Mary, swylk menesyng men mase.
The seet scho aste for hir sonnes myght hir thynk wele sett,
And of thaire syttynge for-sothe hafe sere solace.
Solace was it to þe,
The pereles of pousté,
Called the full styll.
Þou forsuke thi fadir fre,
Schipe and nett of þe see,
And went hym vntill.

His mother and all his worldly goods he abandoned to follow his Lord.

4 Thi modir thi mobles all maner of thyng,
Þat any man in his mynde aftir myghte mene,
Of all þe welthe and þe wanes thou hade in kepynge,
To carye with þat cumly thou keste the full clene.
With þat lorde for to lende was thi lykynge,
And for his lufe all lythes lefte thou by-dene.
By-dene lefte þou it all,
Þat was thyne in with walle,
The werlde þou forsuke.
Thare-by sett þou bot smalle
When þou come to his calle,
As witnese the buke.

He was wise and meek and pure and good.

5 Thou was witty and wyse, thi werkes vn-wylde,
Þou werede the fro werkynges wrechid þat ware,

Þou was methe *and* meke as maydene for-mylde,
Thi mynde moued þou fro myse one ilk a manere.
Thou was faire and fayntles, wit*h* na fylthe filede,
Ne wit*h* na fandyng thi flesche defoulide wit*h* na fere,
ffor-thi was þou chosene chaste as a child,
Oure cheftane he chose the vnchangide of chere.
  Thi chere was full chaste
  ffro werkes all waste,
   Noghte assentand to syne.
  ffull gude was thi gaste,
  Na filthe had defaste
   The verray virgyne.

6 Thou was sybbe oure saueoure, hir syste*r* sone *Akin after the flesh to the Saviour. His faithful follower in all things.*
 Whas semely sydis saluede oure sare,
 Þat was þe byrde so bryghte wit*h* birdyne ȝode bun,
 And þe barne alþ*ir*-beste of body scho bare.
 Bathe frenchipe and faythe to frayste it bese fune,
 In þat frely fude to folowe his fare,
 ffor-thi wit*h* þat worthi, Iohn, wald þou wonne,
 And wit*h* hym walke whate way þat his will ware.
  Ware his will was to wende,
  Or hym lyked to lende,
   Bathe myldely and still.
  Þou helde þe ay wit*h* þat hen*d*e,
  And ferde forthe wit*h* thi frende,
   And wroghte at his wyll.

7 Thou was preué with þat prynce in eue*r*-ilk a place, *In the Transfiguration and at the Supper special grace was shewn to him.*
 To the he publischede þe poyntis of his p*r*euaté,
 ffirste when þat frely transfegurede his face,
 To a fone of his folke a ferly to see.
 Seþene at the supere, thorghe soue*r*ayne g*r*ace,
 Many selcouthe syghte schewede he to þe.
 ffor þou was trayste and trewe and folowede his t*r*ace,
 And tuke at his techyng þat faythfull es and free.

ffree fro thralle vs to brynge,
Heghe one rude walde he hynge,
 So lawe wald he lende.
And þou his derlyng,
His modir in kepyng,
 To þe he be-kende.

<small>He kept the holy mother with care and duty.</small>

8 Thou was bouxsome and bayne his body to tent,
And to his byddyng bowand to blysse þat vs broghte,
Thou seruede þat semly till hir sone sent
Aftir hir hym-selfene, and sythene þou soghte,

<small>After her departure, went into Asia, and preached.</small>

In-to Asye þe way warly thou went,
Thare worthyly werkes of wirchipe þou wroghte,
Prechede appertely the puple repent,
Thorghe prikkynges of penance fra paynes þou thayme broghte.
 Þou broghte thaym to blysse
 Therowe mendynge of mysse,
  Gret kirkes þou made.
 Þe Emperoure of þis
 Was warre, as I wysse,
  And hatrede he hade.

<small>The heathen emperor had him seized, and boiled in oil; then laid on an iron plate.</small>

9 Domycyane, þat deuyls lymme, dedeyned at þi dede,
And demyd the for thi doynge with dule for to dye,
With tyrauntez he tuk the als theefe in þat thede,
Thay toylede the by-twene thaym and threted the thraly.
Thase licherouse lurdans, laytheste in lede,
To porte-latyne thase laddes the ledden full laythely,
Thane the boustoure balde with barett he bedde
That thay thi body suld bare with bale for to bye.
 To by was þou made bare,
 And done in a toune thare,
  With oyle wellande hate.
 Seþene wald þay noghte spare,
 Þay sett the full sare
  One ane yrene plate.

10   Of all þe dedes þay couthe doo þat derfe ware *and* dill   *But no tortures could hurt him. Therefore he was banished to Patmos, where he wrote the Apocalypse.*
Thou dyede noghte, for thaire dide no dere vn-to the,
ffoulely foullede þay thi flesche, ȝit felid þou nane ille,
ffor-thi þis famen*e* the flemede owte of cuntre,
Þan to Pathmos a place passede þo*u* vn-tyll,
The apocalips in that place with a pen*e* free
Wysely þou wrate it, with witt and with will,
And for thi werke þou ware worthi wirchipede to be.
    To be wirchiped wi*th* myghte,
    Þou ware worthi full ryghte
    In eue*r*-ilk a place.
    Thou was witnes of lyghte,
    That wysses eue*r*-ilk a wyghte.
    Thi name es Goddes grace.

11   Grete g*race* was þe gyffen*e and* grauntede also,   *But Domitian being slain, he returned to Ephesus, where he is joyfully received.*
Thurghe his gudnes þat gyfes vs all gyftes of mayne,
Whils þou suggeourned in þat suyle Domycyane thi foo
At a semle þat segge in certayne was slayne.
Þan þou gysed the gerne and gafe þ*e* to goo
Till Ephesym g*r*aythely þ*e* gates þat ware gayne.
ffeele folke ware thi frendes þare þo*u* ferde froo,
And for to frayste of thi fare þ*e* toþ*er* ware fayne.
    ffayne ware þe folke free,
    And come rynnande to the,
    And hailsed the hame.
    And saide þus vn-to the,
    Blissede ay mote he be,
    Þat comes in Goddes name.

12   Thane was Orncyane dede, thi derlynge so dere,   *He raises Orncyane to life.*
And sulde to delfynge be done dredles þat daye,
Bot þou bade thayme habyde and sett down*e* þe bere,
Then blyssede þe body bare þare it laye.
Scho sett hir vp softely wi*th* a blythe chere,
Als scho hade slepede it semede, sothe for to saye,

Þay hade wondir of þat wyghte, þe wyes þat þere ware,
And all wirchipede thi werke þat wente by þe waye.
    By þe way þay þat went
    Þay lefte landis and rent
    With the for to wende.
    To no thyng tuke þay tent,
    And sone sum of thaym repent,
    By fondyng of þe fende.

Turns sticks into gold, and makes precious stones.

13 Þay ware cumbyrde in couetyse þe caytefs had care,
ffor þaire knaues ware cledde in clethyng full clene,
And þay hade no thynge in hande as þay had hadde are,
And-ware noghte haldene so myghty as þay had are bene.
ffor-thi wroghte þou þaire will, of wandes þat ware
Thow made golde full gude and gafe þam I wene,
Smale stanes of þe see saynede þou þare,
And þay warre saphirs for-sothe was nane swylke sene.
    Sene swylke was þare none,
    ffor fyne precyouse stone.
    The wandes whene þou badde
    Þay ware golde ylkone,
    Þou gafe thaym welthe mare wone
    Þan þay euer hadde.

He raises a child to life, who testifies against the lovers of gold.

14 When þay had welthe more wane þan þay euer bewane,
Þay wente home by þe waye, vnwysely þay wroghte.
A ȝonge barne in þat burghe was dede ryghte thane,
Þat ilke body þat hym bare to bale scho was broghte.
His modir come manande, with hir many mane,
To the made thay thayre mane, mele myghte thay noghte,
And for thay grett so grysely to grete þou bygane,
To Godd of his gudnes seþene þou besoghte.
    Þou besoghte Godd of myghte,
    Þan þe childe rase vpe-ryghte,
    And tolde þame full euene
    Þat lett by þi lare lyghte,
    And couetede þe golde bryghte,
    How þay hadd loste heuene.

15 Than thay wepede and weryede þaire werke and þaire wyll, *The gold-lovers do penance, and the gold and precious stones turn back again.*
    Þat þay for welthe of þe werlde sulde wende vn-to woo,
    Thow said will ȝe suffire sothely and still
    Seuene dayes penance? and sonne said thay ȝoo.
    Thay tuke at thi techynge and traysted þar-tyll,
    Þay had for-thynkyng in thoghte þat þay it fledde froo.
    Þe precyouse stones semly to see appone syll,
    And þe golde in thaire kynde a-gayne gun þay goo.
        Thay go agayne in degre
        As þaire kynde was to bee
        Stones as þay ware.
        The golde turnede to wandis free,
        Þan þat syghte fra thay see,
        Myse didd þay na mare.

16 In þat cuntre was a clerke knawene and kende, *A cunning clerk called Graton opposed John, and tried to poison him.*
    Þay callede hym Gratone þe cunande thurghe owte clergy,
    All þe laude and þat lede þat he gune in lende,
    With his lawes and his lare warre þay ledd by ;
    Þat philosophir all þe folke faste he defende
    That thay suld noghte in thy faythe, Iohn, þame affy.
    Þus merrede be þe mene þaire mysse for to mende,
    And thurghe mawmetis he made mony a maystry.
        Thurgh thaym the he soghte,
        ffor the, Iohn, forsothe he wroghte,
        A puysone to profe the.
        He saide, as he thoghte,
        If it noyede the noghte,
        Þane walde he lufe the.

17 Bot þat puysone to profe that prouddeste in palle, *The poison slays two prisoners, but John restored them, and drank the cup without harm.*
    Profirde it two presoners was puneschede in pyne,
    Als faste als þay felyd it downe dede gune þay falle,
    So was it fell for to prayste þe fylthe was so fyne.
    Bot þou sanede thayme alsone seande thaym alle,
    And sayuede þe coppe owtely and suppede it off syne,
    Thow hade no harme þat behelde þat hendeste in hall,
    And to the hally þay helidide bathe he and his hyne.

His hyne holly and he
Trewely trowede þare to þe,
 Become þare thi brothire.
Þou said to þat menȝe
Luke þat ȝe lufande be
 Ilkone to oþer.

He preaches brotherly love and charity.

18 Thou bade thaym be free to frayste in þaire fare,
ffaythefull and frendely till euer-ilk a fere,
What may þis mene, quod these mene, mone it vs mare,
We hafe no mencyone no mynde of þis matere.
It es þe commandement of Criste þat I ȝow declare,
To kepe it be commaude all mankynde clere,
Luke ȝe releue ilke a lede þat lykes ȝoure lare,
To lufe ilk man as ȝoure selfe this lessone ȝe lere.
 To lere nowe þis ryghte,
 Gret Godd of his myghte
  Graunte ȝou þe grace,
 And Ihesu, þat worthi wyghte,
 Helpe vs all to þat lyghte
  For to see his face.

The wise men of Ephesus desire John to be their bishop.

19 Wyse men and witty þat of thi werkes wyste,
Weled the for wo[r]thi wirchipp to welde,
To be þaire beschope blithely þay bedde the so blyste,
ffor þou myghte in thaire bale beste be thaire belde,
Thay menskede the with manhede with mytir vn-myste,
And folowed thi fare freely in frythe and in felde,
Thus thow lyffede in the lande whils oure Lorde lyste,
And whene hym lykede he laghte the thi gaste þou gun
  hym ȝelde.
 ffor to ȝelde the thi mede,
 In heuene for thi gude dede,
  Whene þou heþene paste,
 He was redy we rede.
 To þat lyghte he vs lede,
  Þat euer more sall laste.   Amen.

EARTH TO EARTH.

X.

Erthe owte of erthe es wondirly wroghte,
Erthe hase getyn one erthe a dignyte of noghte,
Erthe appone erthe hase sett alle his thoghte,
4 How þat erthe appone erthe may be heghe broghte.
Erthe appone erthe wolde be a kynge,
Bot howe þat erthe to erthe sall, thynkis he no thynge.
When erthe bredis erthe and his rentis home brynge,
8 Thane sall erthe of erthe hafe full harde partynge.
Erthe appone erthe wynnys castells and towrys,
Thus sase erthe vnto erthe, this es alle owrris,
When erthe appone erthe hase bigged vp his bourris,
12 Than schalle erthe for erthe suffire scharp stourrys.
Erthe gose appone erthe as golde appone golde,
He that gose appone erthe gleterande as golde,
Lyke als erthe neuer mare goo to erthe scholde,
16 And ȝitt schall erthe vnto erthe ȝa rathere þan he wolde.
Now why þat erthe luffis erthe, wondire me thynke,
Or why þat erthe for erthe scholde oþer swete or swynke,
For when þat erthe appone erthe es broghte with·in brynke.
20 Thane schalle erthe of erthe hafe a foulle stynke.

GLOSSARY.

A, adj. one, p. 3, l. 4.
Affy, v. trust, have confidence in, p. 93, l. 20.
Agayne-stande, v. resist, p. 17, l. 18.
Alegeance, s. lightening, alleviation, p. 8, l. 20, p. 28, l. 8.
Alkyn, adj. all sorts of, p. 5, l. 6.
Als-tite, adv. as soon, at once, p. 18, l. 30, p. 22, l. 9.
Althir-beste, adj. best of all, p. 31, l. 12. Althir = genitive aller.
Alþir-inyghtyeste, adj. mightiest of all, p. 31, l. 11.
Althir-wyseste, adj. wisest of all, p. 31, l. 12.
Alweldande or alwelaand, v. ruling over all, p. 69, l. 370, p. 75, l. 4.
Ambynowre, s. almoner, p. 53, l. 24.
Anehede, s. unity, p. 45, l. 7.
Anence, adv. concerning, p. 2, l. 35.
Anlypy, adj. single, unmarried, p. 13, l. 22 (A.-S. *anlipig*).
Anourene, v. honour, p. 21, l. 32.
Anykyne, adj. any sort, p. 31, l. 18.
Apperte, adj. open, p. 22, l. 20.
Appertly, openly, p. 90, l. 13.
Are, adv. erewhile, before, p. 79, l. 20, p. 92, l. 11.

Assethe, s. restitution, p. 6, l. 22. The early form of the word 'Assets.' See *Glossary to Pricke of Conscience* (ed. Morris).
Assoylede, v. absolved, p. 6, l. 28.
At, prep. to, p. 26, l. 35.
Aughte, s. one's own, possessions, p. 80, l. 49.
Avowtry, s. adultery, p. 13, l. 24.
Avysede, adj. foreseen, expected, p. 19, l. 31.
Awe, v. ought, owe, p. 1, l. 23, p. 8, l. 14.
Ayers, s. heirs, p. 31, l. 6.
Aysell, s. vinegar, p. 66, l. 250.

Barett, s. fierceness, savage enmity (Halliwell), p. 90, l. 27.
Barne-tyme, s. progeny, p. 57, l. 29 (A.-S. *bearn-teám*).
Bathere, old gen. form, of both, p. 8, l. 30.
Baylyes, s. governors, p. 52, l. 7.
Bayne, adj. ready, p. 90, l. 7.
"So *bayn* were þay boþe two his bone for to wyrk."
Allit. Poems, c. 136.
Bedleme, s. Bethlehem, p. 87, l. 7.
Behouse, v. behoves, p. 77, l. 62.
Bekende, v. committed, entrusted, p. 90, l. 6.
Belde, s. protection, p. 94, l. 24.

GLOSSARY.

Also used as a verb, to be in safety and security.
"Ewyre to byde and to belde in blysse with hym selvene."
Morte Arthure, l. 8.

Bemes, s. trumpets, p. 80, l. 37.
Benysone, s. blessing, p. 29, l. 35.
Bete, v. make better, heal, p. 74, l. 71.
Bewane (r. bewan*n*e), v. won, a stronger form of wanne, p. 92, l. 23.
Bigged, v. builded, p. 95, l. 11.
Birdyne, s. burden, p. 89, l. 15.
Ble or blee, s. complexion, p. 81, l. 87, p. 85, l. 59.
"Us bus have a blode bande, or þi ble change."
Morte Arthure, 2576.
Blynnes, v. ceases, p. 2, l. 1.
"And get ne kuðe he nogt blinne, For to don an oðer sinne."
Genesis and Exodus, 289.
Bolleuynge (r. bollenynge), s. swelling, p. 12, l. 11.
Boste, s. boasting, p. 11, l. 31.
Boustoure, s. arrogant one, tyrant, p. 90, l. 27.
Bouxome, adj. obedient, p. 5, l. 27.
Bowne, adj. ready, p. 81, l. 65.
Brwke, v. enjoy, receive, p. 81, l. 80.
Brynke, s. bank, mound, p. 95, l. 19.
Brynnynge, s. burning, p. 22, l. 15.
Bun, adv. promptly, p. 89, l. 15.
Buse or bude, v. behoves, behoved, p. 80, l. 38, p. 84, l. 41.
Bute, s. remedy, p. 86, l. 97.
By-dene, adv. thereto, besides, p. 88, l. 3; straightway, l. 27.
Bye, v. abye, abide, endure, p. 90, ll. 28, 29.
By-houely, adv. fittingly, properly, p. 5, l. 12.
Byrde, s. lady, virgin, p. 87, l. 7.

Byse, s. fine linen, p. 63, l. 145 (M. Gothic *bwssaun*, Gr. βυσσος, Hebrew *Bûts*).
"Sum man was rich and was clothid in purpur and biys, and he eet ech day schynyngli."
Luke xvi. 19. *Wickliffe*.

Carpyng, s. speaking, p. 7, l. 17.
Carye, v. go, p. 88, l. 24 (A.-S. *cérran*).
Catell, s. chattels, goods, property, p. 6, l. 19.
"Bekennes þe catel to þe kyng, þat he cajt hade."
Allit. Poems, 1296.
Caytefly, adv. wretchedly, p. 38, l. 16.
Caytifiede, adj. wretched, p. 36, l. 29.
Cely, vide *Sely*.
Chasty, v. chastise, correct, p. 9, l. 15.
Chaufe, v. warm, p. 73, l. 53.
Chese, v. choose, p. 11, l. 3.
Clowtis, s. cloths, p. 40, l. 10.
Collacyone, s. instruction, p. 22, l. 9.
Communers, s. partakers of, p. 1, l. 6.
Comonynge, s. communion, p. 3, l. 18.
Complyn, s. the last or completing service of the 24 hours, p. 43, l. 17.
Contekes, s. contests, p. 23, l. 21.
Couande (r. conande), adj. cunning, skilful, p. 48, l. 13.
Couandely (r. conandely), adv. carefully, thoroughly, p. 14, ll. 2, 4.
Couaundenes (r. conaundenes), s. care, skill, thought, p. 12, l. 32.
Cufere, v. cover, conceal, p. 81, l. 77.
Cumly, adj. comely, fair one, p. 88, l. 24.

7

GLOSSARY.

Cun, v. to know, to know how, to be able, p. 1, l. 23, p. 2, l. 29 (A.-S. *cunnan*).
Dalfe (perf. of delve), dug, p. 79, l. 1.
Debonerte, s. kindness, mercy, p. 78, l. 96.
Dede, s. death, p. 3, l. 23.
Dedeyned, s. disdained, was angry at, p. 90, l. 21.
Defaute, s. lack, want, p. 29, l. 14.
Defendes, v. forbids, p. 37, l. 2.
Defule, v. overcome, p. 46, l. 8 (O. F. *defoiller*).
Deme, v. think, judge, p. 3, l. 25, p. 20, l. 28, p. 90, l. 22.
Demyng, s. thinking, reasoning, judging, p. 61, l. 80.
Dere, s. mischief, harm, p. 91, l. 2.
Derely, adv. richly, p. 87, l. 17.
Derfe, adj. strong, p. 91, l. 1.
Dill, adj. secret, cunning, p. 91, l. 1.
Dolvene, v. buried, p. 4, l. 10.
Dortour, s. the dormitory, p. 50, l. 11.
Doungene, v. beaten violently, p. 41, l. 4.
Dowte, v. do out, put away, avoid, p. 22, l. 11.
Dredles, adv. certainly, p. 91, l. 30.
Dreryly, adv. miserably, p. 31, l. 5, p. 60, l. 30.
Drewry, s. love, p. 74, l. 65; jewel, p. 87, l. 17.
Dule, s. sorrow, trouble, p. 87, l. 18.
Dynge, adj. worthy, p. 61, l. 91.
Dysses, s. want of ease, discomfort, p. 24, l. 26.
Dyssessed, v. disseized, made to give up, p. 6, l. 26.

Efter, adv. according to, p. 7, l. 8.
Eke, v. increase, p. 69, l. 346.

Elde, s. age, p. 2, l. 26.
Elyke, adv. alike, p. 51, l. 22.
Emoyue, v. move, stir up, p. 2, l. 23.
Enchesone, s. reason, cause, p. 15, l. 8.
Encressynge, s. increasing, growing, p. 20, l. 20.
Endent, adj. fixed, set, p. 87, l. 17.
Endeynede, v. condescended, deigned, p. 87, l. 18.
Enterly, adv. entirely, simply, p. 57, l. 9.
Eschape, v. escape, p. 16, l. 31.
Euen-cristyn, s. fellow-christians, p. 2, l. 19.
Euynly, adv. evenly, patiently, p. 11, l. 4.
Everhede, s. constant watchfulness, p. 11, l. 12.

Fallace, s. deceit, p. 81, l. 77 (Lat. *fallacia*).
Falles (till), v. belongs to, p. 15, l. 3.
Famene, s. foeman, p. 91, l. 4.
Fande, v. try, endeavour, tempt, p. 5, l. 32, p. 11, l. 25.
Fandynge, s. temptation, p. 11, l. 9, p. 19, l. 31.
Fare, v. go, p. 77, l. 74.
Fassyng, s. performing, p. 63, l. 155.
Felawrede, s. fellowship, p. 3, l. 18.
Fellenes, s. bitterness, awfulness, p. 45, l. 27.
Ferde, v. went, p. 89, l. 25, p. 91, l. 21 (pret. of fare, A.-S. *faran*).
Fere, adj. vigorous, alive, p. 79, l. 11. (King Horn, l. 149.)
Fere, s. companion, p. 89, l. 4; fellow-creature, p. 94, l. 8.
Ferly, s. wonder, p. 89, l. 30.
Fermerye, s. infirmary, p. 50, l. 19.
Fet, v. fetched, p. 88, l. 9.

GLOSSARY. 99

ffeele, adj. many (Ger. *viel*), p. 91, l. 21.
ffrenes, s. freedom, liberty, p. 38, l. 30.
Flemede, v. banished, p. 91, l. 4 (A.-S. *flema*, a fugitive).
Flom. s. river, p. 64, l. 173.
Flytynge, s. contention, p. 12, l. 13.
 "Stynst of þy strot and fyne to *flyte* And sech hys blyþe full swefte and swyþe." *Allit. Poems*, A. 353.
Fondlyng, p. 92, l. 8. Vide *fandyng*.
Fone (perhaps foue), adj. few, p. 29, l. 31, p. 89, l. 30.
Force, s. necessity, p. 44, l. 17.
Forhewe, v. despise, reject, avoid, p. 11, l. 8. (A.-S. *for-hugian*, Genesis and Exodus, 3814.)
Forluke, s. foresight, predestination, p. 4, l. 13.
Forme-fadyrs, s. forefathers, p. 1, l. 12.
For-thynkynge, s. sorrowfully thinking over, repenting, p. 8, l. 3, p. 93, l. 6. The *for* intensitive, as in for-spent, for-straught, for-wept, for-lorn, &c.
Founde, v. journey, p. 77, ll. 74, 83.
Fratour, s. the hall where the brethren met, p. 50, l. 12.
Frayste, v. try, p. 89, l. 17, p. 91, l. 22.
Frythe, s. wood, p. 94, l. 26.
Fulle, adj. foul, p. 11, l. 12, p. 35, l. 7.
Fulle, v. befoul, defile, p. 40, l. 27.
Fyannce (r. fyaunce), s. trust, p. 78, l. 93.
Fyle, v. defile, p. 64, l. 180.

Gates, s. ways, p. 91, l. 20.
Gayne, adj. near, p. 91, l. 20.

Gelery, s. cheating, trickery, p. 12, l. 33. See *Glossary to Hampole's Short Treatises*.
Gente, adj. graceful, p. 87, l. 15.
Germandir, s. (?) p. 87, l. 15.
Gerne, adv. readily, p. 91, l. 19.
Gerte or gere, perf. garte or gare, v. make, cause, p. 6, l. 25.
Gete, s. jet, p. 87, l. 15.
Gome, s. man, p. 88, l. 7.
Gouernaylle, s. governor, p. 33, l. 18.
Grauene, v. buried, p. 27, l. 23.
Graythely, adv. truly, p. 88, l. 7; readily, quickly, p. 91, l. 20. (*Gloss. Allit. Poems.*)
 "As mathew meleȝ in ȝour messe, In sothful gospel of god al-myȝt, In sample he can full graythely gesse." *Allit. Poems*, A. 496.
Grett, v. (perf. of grete), cried, lamented, p. 92, l. 29.
Gruche, v. grudge, p. 47, l. 18.
Grysely, adv. terribly, p. 92, l. 29.
Grysse, s. grass, p. 20, l. 26.
Gulyardy, s. trifling, vanity, p. 35, l. 11.
 "He was a jester and a goliardeis." *Chaucer*.
Gune, v. began, p. 67, l. 274, p. 68, l. 334. Frequently used as an auxiliary. See *Glossary to Pricke of Conscience*.
Gysed, v. prepared, p. 91, l. 19.

Habade, v. waited for, p. 18, l. 15.
Hailsed, v. received with embracing, p. 91, l. 24.
Halowes or halous, s. saints, p. 5, l. 19, p. 19, l. 30.
Hateredyne, s. hatred, p. 12, l. 3.
Hattene, v. hight, called, named, p. 11, l. 34, p. 13, l. 19.
Hawe, s. a trifle, the least bit, p. 81, l. 63. From the berry of the hawthorn.

Hele, adj. safe; also s. salvation, p. 3, l. 21.
Helelynge, v. hiding, p. 6, l. 5 (A.-S. *helan*).
Helidide, v. (perf. of helde) yielded, submitted, p. 93, l. 36.
" Than they heldede to hir best alle holly at ones."
Morte Arthure, 3369.
Hende, adj. graceful, gentle, p. 89, l. 24.
"And the hendeste in hawle undire hevene riche."
Morte Arthure, 3880.
Hendely, adv. with grace, p. 54, l. 1.
Herbere, v. harbour, p. 28, l. 27.
Herberles, adj. without harbour or shelter, p. 28, l. 33.
Herbery, s. harbour, refuge, p. 28, l. 33.
Herne-panne, s. brain-pan, skull, p. 65, l. 224.
Heryede, v. harried, spoiled, p. 4, l. 11.
Hete, v. tell, promise, p. 82, l. 94.
Hethene or hethune, adv. hence, p. 8, l. 23.
Hethynge, s. scorn, mockery, ridicule, p. 38, l. 22, p. 40, l. 37.
" And henttez þem in he þyng an usage vn-clene."
Allit. Poems, 710.
Heuede, s. head, power over, p. 5, l. 25.
Hirpynge, s. hopping over or omitting part of the service, p. 38, l. 22.
Homerynge, s. muttering, mumbling, p. 38, l. 22.
Hopes, v. thinks, p. 11, l. 30.
Horssyng, s. equipage, state, p. 23, l. 11.
How-gates, adv. how, in what way, p. 25, l. 18.
Howssynge, s. building, p. 49, l. 21.

Hyghte, v. said, promised, p. 25, l. 5.
Hyne, s. servants, p. 93, l. 36, p. 94, l. 1.
Hyrdes, s. shepherds, p. 40, l. 14.
Hyrone, by herself, p. 54, l. 16.
Instyse (r. iustyse), adv. as judge in judgment, p. 80, l. 40.
Inwere, adj. unaware, p. 7, l. 23.

Kennynge, s. instruction, p. 21, l. 9.
Knaweliggynge, s. knowing, p. 56, l. 1.
Koune, see *Cun*.
Kychynnere, s. cook, p. 53, l. 11.
Kynde, s. nature, p. 27, l. 29.
Kynredyn, s. kindred, p. 17, l. 32, p. 18, l. 27.

Lache, v. abandon, leave, p. 13, l. 9.
Laghte, v. took, p. 94, l. 28.
Lame, s. loam, clay, p. 79, l. 5.
Langes, v. belongs, p. 1, l. 21.
Lare, s. lore, doctrine, p. 1, l. 21.
Large, adj. bountiful, p. 46, ll. 27, 28, 31.
Latesomnes, s. slowness, delay, unwillingness, p. 13, l. 8.
Lawede, adj. lewd, ordinary, opposed to lerede, p. 5, l. 17.
Layke, s. play, game, p. 38, l. 21. *Morte Arthure*, 1599.
Laythely, adv. wickedly, p. 90, l. 26.
Laytheste, adj. most vile, hateful (A.-S. *láth*), p. 90, l. 25.
Lede, s. man, p. 87, l. 20; people, p. 93, l. 17.
Lefte, v. lift, p. 46, l. 3.
Lelly, adv. truly, p. 30, l. 36.
Lende, v. tarry, remain, p. 88, l. 25, p. 89, l. 22, p. 90, l. 3, p. 93, l. 17.
" They put up pavilyons round And *lendid* there that night."
Halliwell's Dict.

Lesse, v. lose, p. 6, l. 25.
Lessynge, s. lessening, p. 8, l. 22.
Lesynges, s. injuries with the tongue, lies, p. 6, l. 9.
Lete, v. set, p. 87, l. 20.
Leue, adj. dear, p. 51, l. 13.
Leuer, adj. rather, p. 38, l. 8.
Loos, s. praise, renown, p. 23, l. 9.
Lorne, adj. lost, p. 63, l. 139.
Losengery, s. lying, deceiving, p. 24, l. 22 (O. Fr. *losengier*). See *Gloss. to Allit. Poems.*
Lowssynge, s. loosing, p. 8, l. 31.
Lufe-frayners, s. those who demand love, to whom love is justly due, p. 58, l. 20.
Lufe-somly, adv. lovingly, p. 15, l. 16.
Lugede, v. lodged, p. 87, l. 5.
Lurdans, s. villains, wretches, p. 90, l. 25.
Lyfelade, s. livelihood, p. 5, l. 33.
Lygand, v. lying, p. 16, l. 2, p. 18, l. 17.
Lyghtere, adj. easier, p. 29, l. 27.
Lyghtnes, v. makes light or clear, p. 56, l. 1.
Lykynge, v. joy, pleasure, p. 11, l. 12, p. 38, l. 30, p. 39, ll. 3, 11.
Lyncaude (r. lyncande), ? from the verb link = to walk smartly, hence moving, living, p. 87, l. 20.
Lyne, s. flax, p. 21, l. 5.
Lyte, s. unwillingness, hindering, p. 13, l. 8.
Lythe, s. property, p. 6, l. 12, 27, p. 88, l. 26.
 "For both landeȝ and lythes ffulle lyttile by he settes."
  Morte Arthure, 994.

Male-eese, s. distress, p. 18, l. 24 (Fr. *mal-aise*).
Manges, in-manges. prep. among, p. 45, l. 22.

Manyhede, s. plurality, p. 45, l. 7.
Mawmetis, s. idols, images, p. 93, l. 22.
Mawmetryes, s. idolatries, p. 5, l. 6.
Mayne, s. power, force, p. 81, l. 87 (A.-S. *mægan*).
Medfulle, adj. profitable, p. 9, l. 22.
Medles, adj. useless, profitless, p. 38, l. 22.
Mekide, v. humbled, made meek, p. 36, l. 22.
Mele, v. speak, p. 92, l. 28.
Mene, v. speak, tell, p. 76, l. 51.
Menesyng, s. remembrance, mention, account, p. 88, l. 12.
Mengede, v. mingled, p. 4, l. 31.
Menskede, v. did honour to, p. 94, l. 25.
Menȝe, s. suite, retinue, p. 23, l. 11.
Merres, v. mars, p. 79, l. 4.
Merryng, s. marring, injuring, p. 3, l. 35.
Mesure, s. moderation, p. 26, l. 26.
Methe or methefulness, s. temperance, p. 11, l. 11, p. 89, l. 1.
Momellynge, s. mumbling, p. 38, l. 22.
Monande (r. mouande). adj. moving, revolving, p. 60, l. 43.
Mone, v. admonish, teach, p. 94, l. 9 (Lat. *moneo*),
 "By a tale y shal ȝou *mone*
  That fyl betwyx the fadyr and the sone." *Halliwell.*

More, s. mortar, p. 49, l. 28.
Mukke, s. filth, dirt, p. 16, l. 18.
Mynyng, s. diminishing, lessening, p. 3, l. 35.
Mysse or myse, s. wickedness, p. 86, l. 105, p. 89, l. 2.
Myster, s. need, p. 9, l. 11.

 "And swa wyde and large þat it most kepe
  Alle þe creaturs, les and mare,
  Of alle þe world if *myster* ware."
   Pricke of Conscience, 7373.

Nate, s. neat, cattle, p. 21, l. 4.
Neddyre, s. adder, p. 11, l. 25.
Nere, conj. nor, p. 53, l. 29.
Nerre, adj. nearer, p. 18, l. 1.
Nesche, v. melt, soften, p. 31, l. 23. See *Glossary to Pricke of Conscience.*
Neucne, v. name, speak, p. 5, l. 13.
Noune, s. the fourth 'hour,' p. 41, l. 30, p. 42, l. 15.
Noyande, adj. mischievous, p. 21, l. 6.
Noyes, s. troubles, discomforts, p. 24, l. 23.

Oftesythes, adv. oft-times, p. 2, l. 4.
Okyr, s. usury, p. 12, l. 32.
Orloge, s. clock, p. 56, l. 32.
Overhope, s. presumption, p. 10, l. 18.
Owterage, s. excess, p. 11, l. 11.

Palle, s. fine cloth, grand robes, stately appearance, p. 93, l. 29.
Parischenes, s. parishioners, p. 2, l. 23.
Paye, v. please, gratify, p. 54, l. 9. See *Glossary to Pricke of Conscience.*
Penetancere (r. petancere, v. petance, l. 29), the distributor of the portions or commons in the monastery, p. 55, l. 15.
Perawnter, adv. peradventure, p. 2, l. 5.
Percles, s. without equal, p. 34, l. 20.
Perry, s. jewellery, p. 87, l. 16.
Poleschefy, s. meditation, p. 54, l. 19 (Gr. πολυσ-σκέψις).
Pouste, s. power, dignity, p. 64, l. 166, p. 88, l. 16.
Privatyse, s. secrets, p. 56, l. 2.
Pure, adj. poor, p. 29, ll. 19, 34, 35.
Purvayede, v. provided for, given, p. 20, l. 35, p. 26, l. 35, p. 41, l. 10.

Purueance, s. providence, care, p. 41, l. 10.
Puttid, v. put, placed, p. 32, l. 1.
Pyne, s. suffering, p. 30, l. 2.
Pyssmoure, s. pismire, ant, p. 21, l. 17.

Qwaynte, adj. witty, wise, p. 16, l. 33.
" If þou with quayntyse conquere hit,
I quyte þe þy mede."
Allit. Poems, B. 1632.

Racede, v. tore, p. 65, l. 217.
Rathely, adv. early, in time, p. 81, l. 64.
Raughte, v. reached, procured, p. 80, l. 49.
Reall, adj. royal, p. 63, l. 140.
Rekk, v. care, p. 38, l. 5.
Relycde, v. placed, sent, p. 87, l. 6.
Reste-malice, s. bitter tempers, p. 23, l. 29.
Reuere, s. reverse, opposite, p. 29, l. 36.
Reuyng, s. pillaging, p. 6, l. 4.
Rewfulness, s. sadness, sorrow, p. 50, l. 19.
Rewly, adv. sorrowfully, dreadfully, p. 80, l. 37.
Ruggede, v. tore, pierced, p. 81, l. 66.
Ryuely, adv. strictly, p. 6, l. 30. From *ruyt*, to strive. See *Gloss. to Allit. Poems.*

Saamen (r. faamen = foemen), p. 76, l. 50.
Samenly, adv. equally, p. 3, l. 9; samene, together, p. 3, l. 28, p. 10, l. 15.
Sane, v. heal, p. 84, l. 60.
Sauoyre, s. savour, pleasure, p. 55, l. 25.
Saynede, v. blessed, p. 92, l. 15, p. 93, l. 34.
Schenchip, v. disgrace, shame, p. 20, l. 36.

GLOSSARY. 103

Schende, v. injure, ruin, p. 86, l. 113.
Schente, v. (perf. of schende), injured, lost, p. 76, l. 34.
Schere, v. cut, sever, p. 63, l. 159.
Schire, adj. pure, clean, p. 55, l. 28.
Sckathe, v. injure, p. 26, l. 12.
Segge, s. man, p. 91, l. 18.
Sekyrly, adv. securely, certainly, p. 8, l. 20.
Selcouthe, adj. strange, p. 89, l. 32.
Sely, adj. blessed, holy, venerable, p. 50, l. 33.
Semblant, s. likeness, p. 84, l. 21.
Sembyll, v. assemble, get together, p. 54, l. 20.
Semle, s. assembly, meeting, battle, p. 91, l. 18.
Sere, adj. several, p. 3, l. 13.
Serue, s. service, p. 72, l. 15.
Skikk and skekke, v. quarrel and contend, p. 81, l. 59. *Halliwell.*
Skyll, s. reason, l. 3. Skillwyse, adj. reasonable, p. 1, l. 8, p. 8, l. 14.
Slake, v. slacken, p. 86, l. 105.
Sleghte or sleghenes, s. wisdom, prudence, p. 10, l. 32.
" When he stey tylle heven on halghe Thursday,
þat wate he best thurgh wytt and *slejht,*
What space þat way contened of hegbt."
Pricke of Conscience, 7696.
Slewthe, s. sloth, p. 13, l. 6.
Slokyns, v. slackens, p. 23, l. 25.
Slomers, v. slumbers, p. 57, l. 13.
Slyke, adj. suchlike, p. 35, l. 11.
Somdele, adv. somewhat, p. 50, l. 17.
Sothefaste, adj. true, p. 3, l. 6.
Sothefastnes, s. truth, p. 16, l. 11.
Sowunes, v. sound, p. 45, l. 27.
Sparre, v. shut, bar, p. 50, l. 4.
Speres, v. closes, fences, p. 53, l. 27.
Spire, v. speer, ask, enquire, p. 79, l. 2.

Spousebreke, s. adultery, p. 13, l. 25.
Spyces, s. species, sorts, p. 11, l. 31.
Spyll, v. go to ruin, p. 84, l. 39.
Stallworthe, adj. stalwart, strong, p. 7, l. 30.
Stamerynge, s. impediment, obstacle, p. 13, l. 18.
Stede. s. stead, place, p. 8, l. 1, p. 25, l. 33.
Steke, see *Steskys.*
Sternes, s. stars, p. 50, l. 53.
Steskys or stekys, v. shuts, encloses, bars, p. 50, l. 1.
" For qwho his eris frome the puple
stekith." *Sir Lancelot.*
Steuene, s. voice, p. 58, l. 10.
Steye or steigh, v. ascended, p. 4, l. 21.
Stounde, s. moment, portion of time, p. 77, l. 81.
Stourrys, s. conflicts, p. 95, l. 12.
Strynde, s. generation, race, p. 84, l. 27 (A.-S. *strýnd*).
Surquytry, s. arrogance, presumption, p. 22, l. 27.
Swylke, adj. such, p. 14, l. 4.
Swynke, v. labour, toil, p. 13, l. 15.
Sybb, adj. near of kin, p. 13, l. 27, p. 89, l. 13.
Syll, s. ornament of jewellery, p. 93, l. 7 (A.-S. *sigel*).
Syte, s. disappointment, annoyance, p. 11, l. 34. See *Glossary to Allit. Poems.*
Sythene, adv. afterwards, then, p. 2, l. 25.

Tente, v. try, p. 5, l. 20.
Thede, s. land, country, p. 90, l. 23 (A.-S. *þeód*).
" Such a knight in this *thede*
Saw I never nane." *Syr Percival.*
Thewes. s. qualities, habits. Hedethewes, chief qualities, p. 10, l. 3.
Thole-mode, adj. patient, p. 9, l. 18.

Tholede, v. bore, endured, p. 4, l. 5 (A.-S. þólian).
Thralles, s. slaves, p. 31, l. 5.
Thrally, adv. harshly, cruelly, p. 90, l. 24.
Thrched, s. Trinity, p. 59, l. 7.
Threted, v. threatened, p. 90, l. 24.
Thurte, v. pret. of *thar*, to need (*Gloss. to Pricke of Conscience*), p. 66, l. 271.
To-reuene, adj. utterly riven or cut, p. 65, l. 211.
Tother, adj. second, p. 3, ll. 5, 36.
Toune (r. tonne), s. tun, cask, p. 90, l. 29.
Toylede, v. carried off, p. 90, l. 24 (? O. F. *toller*).
Trauayle, s. labour, p. 1, l. 19.
Tray, s. vexation, annoyance, p. 1, l. 19 (A.-S. *tréga*).
Trayste, s. trust, faith, p. 27, l. 1.
Trouthe, s. faith, p. 10, l. 5.
Trowhe, s. faith, p. 69, l. 346.
Twyne, v. sever, divide, p. 19, l. 34.
Tyde, s. time, p. 87, l. 2.
Tynes, v. loses, p. 38, l. 17.
Tynte, adj. lost, ruined, p. 18, l. 10, p. 32, l. 25.

Umbethynke or Umthynke, v. remember, p. 16, l. 23, p. 79, l. 22.
Unbylowkede (error for umbylowkede), v. included, p. 6, l. 34.
Unknawlechynge, s. ignorance, p. 2, l. 32.
Unwylde, adj. good, virtuous, p. 88, l. 33.

Versy, v. repeat, p. 38, l. 12.
Vgglynes, s. horror, p. 24, l. 3, p. 43, l. 6. See *Glossary to Pricke of Conscience*.
Vndirlowttes, s. dependents, subjects, p. 2, l. 11.

Vndirsett, v. lay the foundations of, p. 49, l. 36.
Vndrone, s. one of the mediæval service hours, 9 o'clock A. M., p. 40, l. 36.
Vnhamlynes, s. strange affectation, p. 11, l. 32.
Vn-myste, adj. good, honourable, or not cloudy, bright, shining, p. 94, l. 25.
Vnnoveand, adj. innocent, p. 61, l. 69.
Vnthewes, s. bad habits, p. 53, l. 26.
Vppe-rysynge, s. Resurrection, p. 3, l. 22.

Wakire, adj. wakeful, active, p. 51, l. 14.
Walde. See *Welde*.
Wandreth, s. adversity, p. 11, l. 5.
Wane, v. won, p. 92, l. 23.
Wanes, s. abodes, houses, property, p. 88, l. 23.
" Deth woned in the wones."
Piers Plowman.
Waresche, v. protects, heals, p. 24, l. 10.
Warre, adj. cautious, p. 51, l. 14.
Wathes, s. dangers, difficulties, p. 10, l. 33.
Waxande, v. growing, p. 20, l. 18.
Wedde, s. pledge, p. 85, l. 52.
" Hath any mon upon a *wedde* Borowet at the oght in nede?"
Halliwell's Dict.
Welde, v. possess, wield, govern, p. 94, l. 22.
Wemles, adj. without harm or blemish, p. 19, l. 12, p. 63, l. 131.
Wende, v. go, p. 3, l. 29.
Wene, v. think, p. 45, l. 25.
Werede, v. guarded, p. 88, l. 34.
" My woodbine so wlonk that *wered* my hevede."
Allit. Poems, C. 486.

GLOSSARY. 105

Weryede, v. cursed, p. 93, l. 1.
"þai sall *wery* þe tyme þat þai war wroght."
Pricke of Conscience, 4422.

Whanhope, s. despair, p. 10, l. 16, p. 23, l. 25, p. 24, l. 3.

Wilnes, v. desires, wills, p. 12, l. 11.

Wilnynge, s. desiring, p. 12, l. 29.

Witter-wyssynge, s. instructor, guide, p. 13, l. 18.

Wode, adj. mad, in a bad sense, p. 67, l. 303.

Wonnynge, s. dwelling, p. 60, l. 40.

Worthe, v. perish, p. 58, l. 3 (A.-S. *wurðian*).

Wrenkis, s. tricks, stratagem, p. 51, l. 34.

"For it ledes a man with *wrenkes* and wyles
And at the last it hym begyles."
Pricke of Conscience, 1360.

Wrethe, v. enrage, p. 47, l. 19.

Wyes, s. men, p. 92, l. 1.

"Sythyne wente into Wales with his wyes alle."
Morte Arthure, 56.

Wyllylyere, adv. more readily, p. 56, l. 33.

Wysse, v. teach, make known, p. 10, l. 32, p. 87, l. 13.

Yddillchipe, v. idleness, p. 5, l. 10, p. 13, l. 12.

Ynsgate (r. þus-gate), adv. in this manner, p. 19, l. 3.

Yrke, v. be weary, p. 23, l. 24.

ȝeme, v. cares for, practises, p. 7, l. 4, p. 72, l. 19; guards, protects, p. 11, l. 12.

ȝernely, adv. carefully, p. 52, l. 15.

ȝernes, v. desires, delights in, p. 5, l. 21, p. 6, l. 12.

ȝode, v. gone, made to go, taken, p. 39, l. 27.

ȝolden, v. paid, given, p. 25, l. 5.

ȝoo, adv. yes, p. 93, l. 4.

ȝyfe, conj. if, p. 17, l. 35.

CORRIGENDA.

P. 12. l. 11. *For* bolleuynge *read* bollenynge.
P. 12. l. 32. *For* couaundenes *read* conaundenes.
P. 14. l. 2.   *For* couandely *read* conandly.
P. 18. l. 14. *For* fythen *read* sythen.
P. 19. l. 3.   *For* ynsgate *read* þusgate.
P. 23. l. 14. *After* men3e *insert* comma (,).
P. 40. l. 14. *For* byrdes *read* hyrdes.
P. 54. l. 18. *For* Couande *read* Conande.
P. 60. l. 43. *For* monande *read* mouande.
P. 76. l. 50. *For* saamen *read* faamen.
P. 78. l. 93. *For* fyannce *read* fyaunce.
P. 79. l. 2.   *For* So *read* Go.
P. 79. l. 8.   *For* Œ *read* E, and so throughout the poem.
P. 80. l. 40. *For* instyse *read* iustyse.
P. 87. l. 20. *For* lyncaude *read* lyncande.
P. 90. l. 30. *For* toune *read* tonne.
P. 92. l. 23. *For* bewane *read* bewanne.
P. 93. l. 17. *For* laude *read* lande.

www.ingramcontent.com/pod-product-compliance
Lightning Source LLC
Chambersburg PA
CBHW020136170426
43199CB00010B/768